JN247553

世界を震撼させた歴史の国日本

高山正之
Masayuki Takayama
宮崎正弘
Masahiro Miyazaki

徳間書店

まえがき

冷徹に国益を追求することが外交だ

日本に「外交はなかった」のは敗戦後。つまり戦後の話です。外交はFOREIGN POLICYですが、戦後日本の外交はFOLLOWING POLICYしかない。ちゃんとした外交が成立するのは「軍事力」と「情報力」です。この両輪が駆動して初めて「普通の国」になれる。

戦前までの日本には国際常識に基づいた外交がありました。古代から中世、近世、近代までの日本の指導者には、逞《たくま》しく雄々しく、卑屈にならず、国益を主張できる基本の外交が備わっていました。武士道が大きな役目を背負っていたからですが、他方で倫理性が高いため、騙されやすいという欠点も露呈しました。

日本の場合、過剰なほどのお人好しが国益を追求する外交を阻害するという失態が往々にして起こります。

騙されやすい民族はまともな外交はできないとも言えます。過激なシナ信仰は江戸時代の儒学者から始まっており、孫文という世紀のペテン師に騙された大陸浪人やら、おまけに孫文に妾まで（それも二人）斡旋するほどの厚遇をしたのに、最後に孫文はあっさりと日本を裏切ってソ連にくっつきました。日本的な忠誠心とか、仁義とかは欠片《かけら》もない人物の根性を見抜けなかったのです。

蔣介石の「以徳報怨」などと道徳的なスローガンはインチキも甚だしく、彼はアメリカのポチだった。にもかかわらず戦後もせっせと中国に同情し、援助を続ける日本って、やはり間抜けなほど天才的お人好しです。

修辞（レトリック）、煽動（アジテーション）、衒学的（ペダンティック）、政治宣伝（プロパガンダ）、偽造（フェイク）。いずれも真実を直視しないで、美辞麗句を無造作に並べるのも外交文書の特徴です。

意図的に難しい語彙を並べて悦にいる御仁の修辞的表現にぶつかると、この人は何を目的に、何を言いたくて、このような無内容を修飾語でごてごてと飾り立てるのか。そして情けなき哉、これが日本の論壇の実情でもあります。

グレンコ・アンドリー『日本を取り巻く無法国家のあしらい方』（育鵬社）によれば「国際政治とは仁義なきヤクザの攻防戦」であり、中国＝ヤクザ、北朝鮮＝チンピラ、ロシア＝マフィア、韓国＝ストーカーと規定した。

導き出される本質とは韓国は反日をやめず、北朝鮮は拉致被害者を帰さないし、ロシアは北方領土を返還しない。日本が何もしないようだから、中国は尖閣諸島をがぶりと飲み込むだろうと冷徹に近未来を予測しています。あるいは日本のいまの姿は、指摘されたとおりかも知れません。

とはいうものの実際はそうではない局面があります。

同時に国際化の時代になってＩＴ革命が進むと情報の量が違うし、速度がことなります。最近の世論調査をみると、いま、日本人の八五％は中国が嫌いと答えている。中国人の不誠実、詐欺性、その残酷さ、酷薄さを知っている。嘘の体質を身に染みて知っているのも、幾重にも騙された体験からきています。世論は習近平の国賓来日に強い怒りを籠めて反対していたではありませんか。

「日中友好」と口で唱えつつも、中国は「隙あらば、尖閣諸島をもぎ取ろう」と虎視眈々と窺い、国産の空母を就航させ、次々と軍艦や海警を日本の領海ならびに周辺海域に派遣しています。

ところが平和惚け日本は、あろうことか石垣島の漁民に向かって、「我が国の領海である尖閣諸島には近寄るな」と漁労を規制している始末です。ありもしなかった「南京大虐殺」をアメリカと一緒になって声高に吹聴して映画までつくり（結局、この映画はお蔵入り）、おかしな宣伝機関の孔子学院を日本の大学にせっせと増設し、北海道の植民地化を隙あらばと狙い、そのうえで自分たちのつくった毒ガス兵器の処理に、日本がつくったのだと出鱈目《でたらめ》を言って日本政府から一兆円近くをせしめた。

その工事を請け負った日本の建設会社の社員四名を、都合が悪くなるとイチャモンをつけて拘留し、自分たちの嘘がばれそうになると、無知で洗脳された大衆を煽って『愛国無罪』とかの「反日暴動」を焚きつけるのが中国共産党の常套手段です。しかも日本の敵は内部にいる。これが一番始末に悪いのです。

列強が展開している外交と日本のそれとは決定的な違いがあります。美意識です。

まず相手の立場を忖度《そんたく》し、最初から譲歩する。戦争にしても、皆殺しという発想がない。欧米ならびに中国、韓国とここが違います。

日本人はよく「ふつつか者ですが」「まことに畏れ多いことですが」「僭越ながら」「これはつまらないものですが」等と言うように日本の日常生活の謙譲語があり、自分より先に相手を尊ぶ。最初から謙遜し、相手を立てる。この日本のおもてなしの精神の基本が、往々にして外国に疎まれ、嫉妬され、あるいは誤解されるのです。諸外国と倫理性と美意識が本質的に異質なのです。

外交は冷徹に国益を徹底的に追求するわけですから、情を加えてはいけない。倫理や道徳は外交にあっては時に優先されません。

AI時代、皆がスマホを持ち世界で同時に起きているニュースを共有する時代。テレビニュースも即時、視聴者からスマホ映像で送られるというように「情報空間」が変貌しました。

日本のようにスパイ防止法がなく、情報管理におざなりだったことは西側を呆れさせましたが、情報の共有を同時に急がなければならない。だから日本は事実上「シックス・アイズ」と認められることになりました。

英米豪加NZの「ファイブ・アイズ」に准メンバーとして日本が仲間入りすることになった理由は北朝鮮のミサイル、核兵器ウォッチ。中国軍の動きから暗号通貨の動向など、西側諸国において必要なデータや情報の、日本との交換がいまほど必要とされる国際環境がかつてなかったからでしょう。

新型肺炎（武漢発コロナウイルス）にしても昨師走から武漢で蔓延していた事実が判明していたにもかかわらず、北京政府は真実を隠蔽し、しかもＷＨＯ（世界保健機関）に圧力をかけて「緊急事態宣言」を一月三十日まで出させなかった。

ＷＨＯへの批判が世界中で起きたのも当然です。「ＷＨＯは中国の代理人か」と批判され、ようやく緊急事態を発令した時は手遅れでした。

二〇〇三年に世界を震撼させたＳＡＲＳの規模と兇悪性とを凌駕した新型肺炎はウイルスが驚くほどの速さで深化していたためバイオ兵器説も流れました。

中国国内ばかりか、新型コロナウイルスは世界各地に伝播してしまい、二〇二〇年二月段階でおそらく罹患者は一〇万を超えています。この甚大な被害の急拡大は、あげて中国の隠蔽体質と情報操作が原因です。

情報は日本語では単にインフォメーションですが、中国の「情報」とは「諜報」を意味します。

もともと中国における情報とは、秘密結社から発展しました。中国史では秘密結社が革命の主。共産党だって秘密結社でした。本来の秘密結社では構成員となるには任侠道のように義兄弟の杯が交わされ、時に血盟し、このネットワークが世界に拡がった。

客家《ハッカ》には孫文、鄧小平、李登輝、リー・クアンユーらが有名でしょう。海外で活躍する華僑も大方が客家です。とはいえ客家ネットワークは細分化してヤクザの抗争のように血で血を洗う陰惨な戦いが屢々《しばしば》、世界各地のチャイナタウンで勃発しました。

この秘密結社的なネットワークと宗族の紐帯《ちゅうたい》が、中国人社会の特質で、彼らのコアパーソナリティ、秘密結社の暗躍がなければ中国史は描けません。

一八四年の黄巾の乱まで秘密結社はなかった。それまでは木簡、竹簡、もしくは絹に文字が書かれたからです。秘密の連絡は耳から耳、人から人に頼るしかなかった。

知識人が文字を普及させたのは孔子の時代からですが、特権階級か知識人以外、文字とは無縁だった。しかも文字は統一されておらず、秦始皇帝の焚書とは、文字を統一するために、ほかの漢字を燃やして消し去り、ようやく漢字の統一が図られたのだとする宮脇淳子さんの説があります。

中国で紙が普及したのは二世紀頃、もっとも安価に普及するのは八世紀。したがって後漢末まで、手紙で思想を広めたり、連絡を取ったりすることはなかった。秘密結社は連絡網を構築し、思想を共有する必要が根底にあるように、紙の発明によって、秘密結社が成立したことになります。

なにしろ支那人が信頼するのは家族血族の血縁と、同郷の出身地を重宝する地縁。秘密結社は擬似の血縁関係となる。同郷出身地を信頼するという伝統は現代にも生きており、ひとくちにチャイナタウンといっても、たとえばミャンマーのヤンゴンには、出身地別の会館と宗廟があり、マンダレーにも「雲南省の各地の会館」が区分けされているように、欧米各地のチャイナタウンも出身地によって色分けされます（拙著『出身地で分かる中国人』ＰＨＰ新書を参照）。

さて「ファイブ・アイズ」とは、米国ＣＩＡ、英国のＭＩ６など西側の情報機関が、同盟国で、大英連邦メンバーのカナダ、オーストラリア、ニュージーランドと国家安全保障に関しての情報、データを交換するシステムを意味し、とくに米国がファーウェイ（華為技術）排斥に踏み切り、中国との技術戦争（ハイテク覇権争奪）を本格化させて以来、集中的な、多岐な情報活動が日本にも求められる状況となりました。これは同時に日本外交の根幹を問います。

今後、日本外交は変わらざるをえない。

米国政府筋の観測として、このファイブ・アイズに日本、フランス、そして韓国を加える流れがあると『サウスチャイナ・モーニングポスト』が報道しました（二〇二〇年一月三十日）。

とくに米国は日本が中国の軍事動向と北朝鮮の動きに敏感であり、日本領空への中国機侵入に対応したスクランブル発進やレーダーによる偵察と警告、ミサイル発射感知情報にもすぐれた能力があると評価し、事実上「六番目」のファイブ・アイズの仲間、すなわち「シックス・アイズ」の仲間入りを果たせそうです。

日本政府機関や企業、大学やシンクタンクのデータバンクがハッカー攻撃を受け、大量の情報が盗まれていますが、前面にたつ攻撃部隊の背後に中国がいるというのが米国と日本の防衛省の総括で共通しています。

とはいえ情報の蒐集《しゅうしゅう》、分析、評価という貴重な努力の成果、その人材に資金とエネルギーを投下した結果、得られた貴重なデータを、英米が軽々と日本に、あるいはフランスや韓国に提供するはずはないでしょう。中枢の情報は管理されており、段階的に同盟国へ流されるというプロセスを踏む。したがって提供を受ける情報には限界があります。あとは日本の情報機関が独自に集めるしかありません。

一月二十日の報道によれば、三菱電機から人事情報八一〇〇名分が流出した事件が起きた（三菱は国防技術は盗まれていないとした）。

NECは「二〇一八年までの数年間、中国系とみられる海外組織から大規模サイバー攻撃を受け、海上自衛隊の潜水艦装備情報を含むファイル約二万八〇〇〇点が外部流出した恐れがある」（一月三十一日、共同電）。

これらはあくまでも氷山の一角でしかなく、一方でソフトバンクの元社員をロシアのスパイ容疑で逮捕したように、テクノロジーの争奪戦という現代の「情報戦」の観点からすれば、日本が最も重要な仲間であることを、英米が、中国の脅威を前にして追認せざるを得なくなったという解釈もできます。

本書は斯界の専門家でもあり著名コラムニストの高山正之氏と古代からの日本史を紐解きながら「外交」に特化して存分に語り合いました。

いずれにしても外交とは軍事力と、この情報力が両輪。今後の日本の展望を言えば、

「兎の耳はなぜ長いか」という寓話の教訓と原則に導かれるでしょう。

令和二年二月

宮崎正弘　識

世界を震撼させた歴史の国日本——目次

第二部 明治維新から大東亜戦争まで 83

第三部 戦後政治と歴代首相 175

装幀——赤谷直宣

第一部

古代から明治維新まで

1 本当はすごかった日本外交

高山　いまの安倍首相は「地球儀を俯瞰《ふかん》する外交」を標榜して、積極的な外交を展開していますが、これまでの日本の外交は、アメリカの言いなりで独自外交ができていなかったように言われています。しかし、本当にそうだったんだろうか。外交のできない国家が繁栄できるはずがない。歴史の重要な局面では、日本はすごい外交力を発揮してきたのではないか。

例えば、小村寿太郎《じゅたろう》が明治二十六（一八九三）年に北京に赴く時に、「日本に外交はなかった」と言ったけれど、これは「オレが本当の外交をみせてやる」という自負の表れだろうね。この日清戦争直前という時期、日本は実にすごい硬派の外交をやっている。

宮崎　彼は宮崎県日南市出身。一四三センチと背が低かった。鄧小平《とうしょうへい》とか、胡耀邦《こようほう》と同じだ。中国では、チビほど世の中を激動させるという神話があるから、背の低い人はむしろ尊敬されるのですよ。宮崎県日南市にある小村寿太郎記念館を見学した折、あらためてそう感じました。しかも彼は「飫肥《おび》藩の小西郷」と言われた小倉処平の弟子筋です。

高山　実際に日本の外交が注目されたのは、ハワイ王朝がアメリカに乗っ取られる一八九三年からでしょう。日清戦争の直前ですが、日本はちゃんとした砲艦外交をやって見せている。

宮崎　武器を伴わない戦争が外交なのです。そういう意味では砲艦外交は外交のカテゴリーに入ります。国際常識だと思います。

高山　あの時、アメリカが力ずくでハワイ王朝を乗っ取った。リリウオカラニ女王を力ずくで退位させて、ハワイ共和国を立ち上げた。指揮をとったのが、サンフォード・ドール。いま、ドールのジュースを売っている、あのドールです。

王領だったラナイ島をその時、乗っ取ってパイナップル農場にした。その男が共和国の初代大統領に納まった。王様の領土を勝手に取って、国も取っちゃった。日本人はドールのジュースを飲むべきじゃないね。

あの時代は白人が勝手によその国をとっても構わなかった。しょうがないやと。有色民族はやられて当たり前の時代だった。

宮崎　そんなところに、東郷平八郎が巡洋艦「浪速《なにわ》」とコルベット級の「金剛」を率いて乗り込む。「あぃや、暫《しばら》く、勝手は許さん」と。

高山　そう。日本海軍の二隻が、ドールたちと通じてイオラニ宮殿に砲口を向けてリリウオカラニ女王に退位を迫ったアメリカの軍艦「ボストン」を挟むように投錨した。

宮崎　アメリカの横暴の象徴だね。それを二隻が挟む。お前たちの好きにはさせないというメッセージだった。

高山　ハワイ共和国代表が来て「白人のハワイ共和国樹立を祝うから祝砲を頼む」と言ってきた。対して東郷は「その要を認めず」と拒絶した。ホノルル港にいた各国の軍艦も商船も東郷に倣って祝砲も撃たず、汽笛も鳴らさなかったと当時の新聞は伝えている。「まるでハワイ王朝の喪に服しているように静まり返っていた」と。

宮崎　いまの日本外務省には国防意識が希薄なうえ、防衛省を見下しているところがありますから、とても無理な芸当でしょうね。

高山　アメリカにしてみれば開国させてやったアジアの名もない小国が偉そうに公然とアメリカの非を指摘した。国際社会にアメリカがいかに rude かを見せつけた。エリザベス女王が支那の不作法を指摘した時につぶやいたあの rude だ。当時海軍省にいたセオドア・ルーズベルトはかんかんに怒ったものだ。でも指摘は当たっている。大東亜戦争にも通じる大した外交だったと思う。それに比べ日本には外交がないとかいった小村寿太郎は、自分でそう言いながらその外交効果を知らなかった。日露戦争では大統領になっていたルーズベルトが日本を潰しにかかり、賠償金なしに追い込んだのに、ルーズベルトの意図もわからず、抵抗もしなかった。

宮崎　外交とはそもそも軍事力と情報力とが背景にあって、しかも地政学にもとづく国家戦略がなければ、成り立たない。近代の地政学の祖はクラウゼヴィッツですが、その『戦争論』は「外交とは武器を伴わない戦争」と定義しているじゃありませんか。

外務省諸兄よ、あなた方は国の命運をかけた戦争として外交をやっているかと問いかけたい。

まず日本が最初に経験した対外戦争、白村江《はくすきのえ》の戦いから連想することですが、拉致された国民同胞を「話し合いで解決する」という発想は本来、平和ぼけそのものだということです。

戦後の日本には軍事力を背景に外交交渉を進めるという発想も実力もないわけだから、世界から笑いものになっている。

しかし平安時代中期の「刀伊《とい》の入寇《にゅうこう》」では拉致された人々を軍事力で奪還したという歴史的事実があります。「白村江の戦い」で百済《くだら》を支援した日本軍はなぜ大敗北を喫したのか。

それは、支援に駆けつけた日本軍が烏合《うごう》の衆だったうえ、敵側の大型船に対して小型船団では対処できなかったからとのことだけれど、ともあれ、敗北によって日本の平和ぼけを吹き飛ばし、防衛を強固にするために北九州から日本海沿岸の各地に砦を築き、太宰府を守り抜き、しかも都を大津へ遷都するほどの防衛システムを築き上げたことが、今日の私たちへの教訓でしょう。

しかしせっかくの防人《さきもり》体制も、平和ぼけの平安時代になると廃されてしまい、これもまた戦後何十年も平和が続くと、おかしな国民を生んだように、隙をついて、外敵は対馬、壱岐、九州各地の沿岸に出没し始め、強奪、拉致を繰り返した。

つまり防人制度が崩壊したことによって「力の空白」が生まれ、外国の海賊の跋扈《ばっこ》を許す結果となった日本は、平安時代最大の対外的危機に直面したのです。

高山　いまとそっくりね。

宮崎　北に同胞が拉致されても手出しができない。ロシアに全千島、南樺太を奪われたのに「北方四島」だけ返せと叫ぶだけ。韓国に竹島を奪われても見ているだけ、尖閣諸島を中国が強奪しようとしているのに「アメリカが助けに来てくれるかな」という議論を繰り返している今の日本。

「刀伊の入寇」事件は次の経過を辿りました。

「寛仁三（一〇一九）年三月二十七日、正体不明の約五〇隻の海賊船が対馬を襲撃、約三〇〇〇人の海賊は、島民三六人を殺害し、三四六人を連れ去った。壱岐も襲撃を受ける。国司の藤原理忠《ふじわらまさただ》は一四七人の兵士を率いて迎え撃つも、数に勝る海賊に追い込まれて死亡、兵士も全員が討ち死にする。壱岐島では島民三六五人が殺害され、拉致された者は一二〇〇を超えた」（濱口和久『日本の命運——歴史に学ぶ40の危機管理』、育鵬社）

まるで北朝鮮による拉致事件続発を彷彿《ほうふつ》とさせる。

しかしその後、九州の武士団はリーダーシップの下に団結を強めて防衛を強化し、海賊軍の襲来を撃退し、ついには「海賊に拉致されていた対馬や壱岐の人々の一部を脱出させることに成功している」（濱口前掲書）。

「海賊は当初は高麗の海賊」と考えられていたけど、その後の調査で「ツングース系の女真族」だったことがわかっています。

現代日本への歴史の教訓とは、強盗、襲撃には容赦なく報復し、人質を取り返すには「話し合い」などではなく、即断する決断力と軍事的な実力行使が必要ということですね。

2 情報に裏打ちされた聖徳太子の外交

宮崎　歴史を遡《さかのぼ》って考えてみましょう。聖徳太子が隋の煬帝《ようだい》に有名な国書を送りますが、この時には支那の王朝が弱まって滅びつつあるという事情を知っていたから、強気に出られたわけです。

外交の基本は情報です。聖徳太子は隋の衰退を知っていて、六〇七年、隋への国書で「日出ずる処の天子、書を日没する処の天子に致す。恙《つつが》無きや、云々《うんぬん》」ということになるわけで、その点でやはり聖徳太子は立派だった。

遣隋使や遣唐使を送ったのもこの時点では賢明といってよいかもしれません。その後まもなく朝鮮半島では、新羅《しらぎ》が唐の力を借りて、百済と高句麗を亡ぼす。そして新羅は唐に呑み込まれようとする時、押し寄せる唐の大軍の前に、新羅国王は恐れおののいて、六七二年に唐の高宗に国書を出した。

その国書には、「たとえこの体を粉にし骨をすりつぶしても、鴻恩《こうおん》にこたえることはできず、頭を砕いて灰燼《かいじん》に帰しても、このご慈恵に報いることはできません」とまで書いて、へりくだっていた。中国と陸続きの朝鮮半島では仕方がなかったというよりほかはないけれど、ひどく屈辱的なものです。

高山　しかし、隋の煬帝は高句麗との戦いの関係で、特に日本に対して行動を起こすことはできなかった。情報戦の勝利ということだね。

言っておかなければならないのは、隋や唐は新羅と一緒になって高句麗を攻めて滅ぼしたことだ。つまり、新羅の朝鮮半島統一は新羅が外国の軍事力を借りて成し遂げている。日本では他国の兵力を引き入れて国内の敵を倒すという発想も例もない。

そう言えば、明治維新前夜には米・英・フランスが盛んに力を貸しましょうと介入を迫った。でも日本は相手にしなかった。彼らの素行は阿片戦争（一八四〇年）やなんかで十分心得ていたからだ。

宮崎　裏返して言うと、日本に外人部隊創設という発想がないのもその所為《せい》でしょう。

3 日本文化を花開かせた菅原道真の「遣唐使」廃止

高山 則天武后《そくてんぶこう》って支那人には非常に評判悪いね。彼女は唐朝二代・大宗の後宮にいたのに息子高宗を籠絡して皇后になった大した女性だけどその勢いで、唐の一時期、天下をとって国の号も周と改めちゃった。

一五年間だけどその時に、唐のつもりで遣唐使・粟田真人《あわたのまひと》がやってきた。唐がなくなっていて、本当にびっくりしたと歴史書に書いてある。それでも日本からの使いとして宮殿に上がる。そして、そこで四〇年も前の白村江の戦いで捕虜になった日本人を見つける。

宮崎 当時の感覚では奴隷扱いされていたはずですね。

高山 彼らは唐の王室に献上されて、そこの召使いとして使われていた。白村江から四〇年、結構な齢になっていた。あれは宮崎さんのコラムだったと思うけれども、奴隷って財産の一形態だと。それでも粟田真人は、彼らは日本人だ、連れて帰りたいと言った。あんたの奴隷をくれということは、あんたの財産が欲しいということと同じ。非常に失礼に当たる。

ところが則天武后は心安く返してくれた。支那人の歴史評価はともかく本当は義理も人情もわかるいい女帝だったのではないか。

宮崎　いったい則天武后はどういう心理が作用して、そうした人道的外交を展開したんでしょうね。彼女は長いシナ史のなかで、唯一の女帝でした。西太后は正式の皇帝ではなかった。

高山　白村江からすでに四〇年がたっている。その時二〇歳ぐらいで兵役についていたら、六〇歳ぐらいのじいさんだね。ともかく、まとめて三人連れて帰ったという記録が残ってる。こういう素直な外交というか、日本人の心が通じるケースもあったんだね。

宮崎　次に日本の外交の正しい成果といえば、やっぱり遣唐使の廃止じゃないですか。菅原道真《みちざね》の建言による遣唐使廃止です。いまでいうと日中断交。

高山　あれは結局、中国からいろいろ学ぶといっても、彼らがやることといったら、例えば奴隷制であり、宦官であり、女の足を縛って一〇センチほどの小さな足にする纏足《てんそく》。もうあの頃からやっていた。宋の時代からやっていたよね。それから残酷刑だとか、ろくでもない文化しかなかった。科挙も支那文化の一つの形で、菅原道真は確か科挙で出世した一人だった。

ただ道真は自分がなったんだけど、この科挙の制度もろくでもないことがわかって止《や》めた。遣唐使も止めた。要するに、あの国に学ぶものはないと。

宮崎　田中英道『「やまとごころ」とは何か』（ミネルヴァ書房）に書いてあることだけど、「遣唐使より遣日使の数が多かった。回数も多かった」。

ところが、この事実はなぜか戦後左翼学者によって軽視されてきた。日本人と支那人の違いはここにあります。

はじめから支那に位負けしているので、「そんな筈がない」という先入観があり、支那のほうが日本より一貫してまさっていたと誤解してきたわけでしょう。

あの鑑真《がんじん》とて、永住のつもりで日本にやってきた。しかし阿倍仲麻呂は、帰国の意思を最後まで捨てずにいたのです。彼は支那に亡命したのではない。西安に阿倍仲麻呂の記念碑が建立されていますよ。近年、反日暴動のあおりで、赤ペンキを投げられたこともありました。私が見たのは、その直後でしたが……。

さて遣日使は天智天皇の治世には、毎年のように、六六九年には朝散太夫《ちょうさんたいふ》の郭務悰《かくむそう》ら計二千余人、六七一年には計二〇〇〇人と、多数の船と唐人が来朝していることが記録されています。

渤海《ぼっかい》からの遣日使は約二百年のあいだに三三回にわたり、反対に日本からは一三回。つまり日本の二・五倍ですよ。

そして「半世紀に数千人の留学生らが日本に来た」という記録から推定すると、当時の人口から勘案して現代の日本に四〇万人の留学生が犇《ひしめ》いていたことになる。

現在、在日中国人は八〇万人、このうち留学生が七万〜八万、日本にすでに帰化した中国人一一万人。多くが巧みに日本語をあやつる。なんと酷似する状況でしょうか。

対照的に中国に帰化した日本人はごく稀《まれ》。中国への留学生は語学留学が九〇パーセント、ほぼ全員が帰国します。赴任でいやいや中国へ行く日本人の過半は現地でも中国語を覚える意思さえないでしょう。

すると文化的優位がどちらにあるかは小学生でもわかる。武漢の新型肺炎（コロナウイルス）の時だって、滞留日本人のほとんどはチャーター機で帰国しました。

4 元寇に毅然と対応した北条時宗

高山　先日、対馬に行ってきました。二度の元寇の被害に遭った地ですね。朝、沖に九〇〇艘の元軍がきた。あんころ餅をつくっていた村人がつき上がった餅に茹《ゆ》でた小豆をまぶし、塩をふりかけて将兵の糧食に持たせたという伝説がある。だんつく餅と呼ばれる。

この時、宗家二代目資国《すけくに》は僅か八〇騎の手兵を連れ、小茂田浜《こもだはま》に上陸した一〇〇〇人の高麗軍と戦い、討ち死にした。村人は深い山に逃れたが、逃げ遅れた島民は皆殺しにされ、女は手に穴をあけられ、元軍の船の舷側に吊るされたと日蓮の記録に残る。

次に襲われた壱岐は対馬と違って隠れる山がない。ほとんど殺戮し尽くされた。相手民族を殺しまくる。略奪し、女は犯す。日本人がまったく知らない「大陸に棲む者たちの戦争」を初めてこの二つの島の民は味わったわけだ。

資国は首と体が別々に見つかり、それぞれに塚がつくられた。元の手先になった高麗を含め大陸に対する警戒は怠らないぞという意味が込められている。

しかしアホな郷土史家が朝鮮支那と友好をとか言い出して、多くの血を流して得た折角の外交知識を潰してしまった。このことは朝鮮通信使の話のところで語りたい。


宮崎　この時の戦法は、教科書にもよく出ているけれど、最初の文永の役で初めて大陸の兵士と戦った。鼓を打ち、銅鑼を鳴らして攻めてくる。

その音の大きさに日本の馬は跳ね狂う。日本は一騎打ちの戦法に対して、敵は徹底して集団戦。さらに「鉄砲」という火薬を使用した武器を使う。

日本の戦法は集団戦に慣れていなかった。そして大陸の軍隊は民間人を平気で殺すということ。これはいかに日本の武士は大陸的な戦争に馴染んでいないかということで、日本は戦争の少ない国だということを明らかにしている。

高山　元寇の時の総指揮官は執権の北条時宗ね。最初の一二七四年の文永の役の時は弱冠二三歳。
一二八一年の弘安の役では、元から遣わされた使いを決然と斬っている。いまなら、外交官特権を認めていないということになるんだけど、先の文永の役の際の蒙古軍の振る舞いに対し決然とした態度を示す必要があった。台風もあって勝敗が決まった後で、投降を乞うた元、高麗の兵士を斬っている。対して南宋の漢人兵は捕虜にしている。高麗が仕掛けた戦いと知っていたのだろう。

北条時宗は元に動員され戦死した南宋の将兵の霊を慰めるためにわざわざ中国僧の無学祖元を招いて円覚寺を建てた。怨親《おんしん》平等という仏教の教えに従ったわけだ。

5 足利義満は中国外交で実利をとった

高山 元寇で中断していた支那との貿易の再開は財政を預かる幕府の長ならだれでも考える。室町幕府第三代将軍の足利義満がそれを試みた。いわばアシカガノミクスだ。

相手はたまたま甥っ子を殺して帝位を簒奪《さんだつ》し、国内からも非難囂々《ごうごう》の明の永楽帝だった。学者の方孝孺《ほうこうじゅ》は永楽帝の帝位は認められないと突っぱねて、一家眷属《けんぞく》どころか、嫁さんの方の眷属まで皆殺しにされている。

そんな時に義満は永楽帝を支那の正統の皇帝として、書を送った。

永楽帝は多分、ああ、あの元の大軍もやっつけた東方の雄から祝辞がきたと涙を流して喜んだと思うんだ。明は実は日本を強敵と思ってもいた。元寇のせいだろうが、大宗が火薬の知識、青銅鏡の製法を絶対、日本人に見せるな、火薬の要の硝石を絶対に日本に売るなと厳命する記録が残っている。

その上で「日本国王の金印」を授けて勘合《かんごう》貿易が始まった。その称号がどうのというけれど、それは些細なことだ。


宮崎　永楽帝の話が出たところで、中国の易姓革命なるものが如何なる実態のものか言わせてください。蒙古系の中国人、張宏傑という人が書いた『中国国民性の歴史的変遷――専制主義と名誉意識』（集広舎、二〇一六年）という面白い本がありますが、それによると明を立てた朱元璋《しゅげんしょう》はゴロツキの出であり、第三代永楽帝となった朱棣《しゅてい》は表面的には仁愛を装っていたが、実は骨の髄からならず者だったという。

第十一代の武宗となった朱厚照《こうしょう》は、さらに酷い無頼の徒で、読書を好まず、ほとんど字を知らなかった。

次の代の世宗《せいそう》は変態性欲者で、公然と大臣たちに媚薬を献上させ、ある時には一日に数十人もの女性と交わったとか。

日本では政治の支配者である将軍だって、こういうことはしない。ましてその上の天皇のこととなると、絶対に考えられない。

つまり日本は、天皇の国であり、そのような権力者は出てこない。このような愚かな人間が国の最高権力者になることはない。

そこでこのような人物が政治の最高指導者になる国では、国民も変質する。同じくこの本で翻訳者の小林一美氏が魯迅《ろじん》の言葉として紹介しています。

曰《いわ》く、「暴君治下の臣民は、たいてい暴君より更に暴である」、「暴君の臣民は、暴政が他人の頭上にだけ振るわれるのを願い、彼はそれを見物して面白がる〝惨酷〟を娯楽とし、〝他人の苦しみ〟を賞玩《しょうがん》し、慰安するのだ。その本領はただ自分だけが上手に免れることだけだ」と。

まったくいまでも中国はこの通りだよね。

易姓革命がいかに悲惨な歴史を展開させるかということです。中国語の「光」には皆殺しという意味があります。

6 朱元璋が門外不出にした硝石を独自開発

高山　明朝が硝石を産することを隠していたことは前に触れたけれど、日本がそれを知るのは永楽帝の時代から二百年後になる。鉄砲が種子島に伝来する。火薬の原料の硫黄も木炭も日本はあふれるほどあるけれども、硝石がない。硝石をポルトガル人に頼むと、女五〇人と硝石一樽だとふっかけられて頭に来た。そこで、初めて明に持っているか尋ねた。

ところが、明の初代皇帝・朱元璋が硝石を軍事機密として門外不出にしていた。とくに日本は敵勢だから禁止すると命じている。「青銅製の火器を絶対に人に見せてはならん」と朱元璋が書いている文章もある。

明の建国は一三六六年ですが、その時代に日本はもう敵国だとみなして、硝石は絶対に日本人には売るなという命令が出ている。明は日本から硫黄を買っていたが、日本には硝石は絶対に売らなかった。その命令はずっと生きていたんです。

実は李氏朝鮮の李舜臣《りしゅんしん》は、明からのおすそ分けで火砲を持っていた。豊臣秀吉の文禄、慶長の戦いの時、それを亀甲船に備え付けて日本の船を砲撃した。秀吉の水軍はそれで一敗を喫した。

これはどういうことかというと中国と朝鮮が結託して日本を敵視していた。元寇でも支那朝鮮は結託したし、文禄・慶長の役は二度目だった。日本もそれを自覚したから、江戸時代になっても日中友好みたいな幻想はいっさいもたない外交に徹した。

宮崎 中国がレアメタル、レアアースを禁輸にした時、中国が日本へ供給をやめると言ったら、日本はさっと供給源をほかに多角化して、むしろいまはダンピングして中国が買ってくれと言ってきている。で、硝石の場合は、結局どうしたんですか。

高山 日本は自給することにした。富山の五箇山や石山本願寺など各所でつくられた。硝石はもともと鳥の糞が堆積したものです。それで鶏や蚕の糞に藁灰でおおっておしっこをひっかけて、囲炉裏の下の床は常に乾燥しているから、いろいろなごみも一緒に入れて埋める。こうして乾燥して臭くて汚い状況をつくって、五年たつと硝酸カリウム、硝石ができるんです。

宮崎 昔、日本人のナカムラさんという酋長がいたナウルは鳥の糞でリン鉱石だらけだった。そこに住友商事が目をつけて、住友がしばらく独占していたことがあります。

高山　いまは取り尽くして、ナウルは海に沈みつつあるようです。

　中国がレアメタルを禁輸した時も、日本は電子部品を回収してそこに使われているレアメタルを再利用した。いわゆる都市鉱山というかたちでレアメタルを回収した。だから、ポルトガルもだめ、中国もだめとなったら、自分でつくるという知恵が日本にはあったんです。

　硝石を通して日本人は中・朝の連合敵国という認識を持って、つきあいも最小にしていたという話になるわけです。要するに外交というか、国のつきあい方はけっこう練れていたと言えますね。

宮崎　それはそうですよ。もう一つは、日本は戦国時代という戦乱のなかで貴重な経験を積み上げていて、情報の取り方とか、相手の力をいかに利用するかとか、戦争のやり方を十分にわかっていた。その遺伝子が江戸の長き平和の間に崩れてしまって、あとは幕末に復活するまでないわけです。

高山　しかし知識欲は旺盛だった。一八〇八年に英国のフェートン号が長崎港に殴り込みをかけると、日本人はすぐに英語の辞書をつくった。それが「諳厄利亜《アンゲリア》語林大成《ごりんたいせい》」

(angeriagorintaisei・文化一一〈一八一四〉年)だった。日本人は怖がって逃げるのではなくて、積極的に相手を知ろうとしている。それで英語を使うやつは野蛮で危険だと知った。そしたら今度はペリーが来てやっぱり危険だった(笑)。

7 朝鮮通信使は日本の大赤字

高山 日本が外交で学ぶべきは朝鮮半島との関係です。百済を助けようと斉明女帝が船団を率いて出兵してみたら、白村江《はくすきのえ》で待っていたのは唐の大軍で大敗してしまう。朝鮮人の言うことを聞くといつもろくでもないことになる。この時は唐の大軍がくるのに備えて、水城《みずき》を築いて国内の防備を固めたりしている。

文永の役(一二七四年)と弘安の役(一二八一年)の二度にわたる蒙古襲来の時は、中身はモンゴル軍ではなく高麗軍だった。

次は朝鮮通信使だ。義満の後、義教《よしのり》のころからやってくるようになる。室町時代にやってきた通信使は李氏朝鮮の四代目の世宗が派遣した短期留学生のようなものだった。
世宗から何を学ぶかを命ぜられていて、まずは灌漑用の水車の作り方の指導を頼んだ。その他、やれメッキの仕方を教えてくれとか、紙の漉《す》き方から染色の仕方まで教えてくれと。あちらにはほとんど文化はなかった。

宮崎　生殖の仕方も習ったんじゃないの。

高山　それも教えたんだろうけれども、まったく教え甲斐がなくて、次に来るとまた同じことを「教えてくれ」だった。せっかく日本から文化を学んでも駄目だった。筑波大学の古田博司教授が指摘しているように、朝鮮半島では文化がどんどん後退、衰退していったらしい。昔は木工もできたのに、とうとうそれもできなくなった。木を丸めて車輪をつくることもできなくなった。

ただ、これは想像だけど、彼らはひらがな・カタカナの機能を学んだのではないか。日本人が漢字を使いながらひらがなを使って日本語として咀嚼《そしゃく》しているのを見て、それで、諺文《オンモン》、いままで言うハングルを世宗が思いついたんじゃないか。「ではウチでも朝鮮片仮名をつくってみるハムニダ」とかね。

要するに、日本式かながハングルになるわけだ。東洋史学者の宮脇淳子さんにその推測を話したら、諺文の文字はモンゴル語系のパスパ文字（モンゴル文字）をまねたものだという。

彼らはこの時、漢字を自分たちの言葉で読むという、ひらがな・カタカナの考え方を学んだ。ただ、独創性がないからパスパ文字を利用したのだろう。

この朝鮮通信使が二言目に言っているのは、「ああ、悔しい」だった。「こんないいところを日本が持ってる」とか、「こんな瓦葺《かわらぶ》きの家々があって悔しい」とか。

要するに、嫉妬と嫉みに狂ってるわけだ。世宗が「これはいい」と諺文を生み出したけれど、次の代になると「何だ、諺文のヒントは日本かよ」という独特の彼らちしい反応が出てくる。

宮崎　日本から教わったなんて「恥スミダ」と思ったわけですか。

高山　だから、そう考えると、非常に理にかなっている。世宗のあと諺文をパッタリ使わなくなった理由はそこにあったのではないか。

宮崎　日本は一九一〇年の日韓併合以降、四〇〇〇の学校をつくり、読み書きを普及させた。世宗から五〇〇年。水車にしても、水は高きから低きに流れるという原理は知ってるし、水車のてこの応用までは知っていた。

ところが日本には歯車によって違う方向に力がいくという技術があった。これは目がくらむような応用技術なんだよね。例えば陶工にしたってそうじゃないですか。

みんな、向こうから来たなんて言ってるけど、全然違う。司馬遼太郎の『故郷忘じがたき候』なんて、他国の史観から日本史を裁断《さいだん》した噴飯物《ふんぱんもの》です。

あれは優秀な陶工を呼んで、日本は粘土の山まで与えて、畑まで供与し、待遇がものすごくよくて。絵付けの技術とか、みんな日本が教えたらしい。それで、これは最高の環境だからみんな仲間を呼んで、「あんたたち、もう帰ってもいい」と言っても、誰も朝鮮には帰らなかった。

高山　そうそう。だから秀吉が無理やり連れてきたというのではない。通説と全然違うわけでしょう。

ここまでが最初の朝鮮通信使で、それが徳川幕府になって再開されるけれど、二度目はまったく性格を異にしている。

何というか、彼らのための招待旅行みたいなものだった。というのも、発端は朝鮮征伐の後始末から始まった。「秀吉の時代、あなたの国を随分荒らしました。ご招待するので友好親善と貿易を再開しましょうか」から始まった。

その交渉を任されたのが対馬の宗家二十代目宗義智《よしとし》。関ヶ原では西軍について徳川に敗れた。本来なら領地没収、改易となるところを「朝鮮との関係修復と朝鮮貿易の再開」を命ぜられた。

しかし秀吉の朝鮮征伐では小西行長について朝鮮軍を破って漢城を落としていたために、最初の交渉役は向こうで惨殺された。いかにも朝鮮らしい。それでも何とか関係修復を達成した。

その成果がつまり江戸期の朝鮮通信使になるわけだけれど、日本側は朝鮮征伐という負い目がある。彼らはそこに付け込んだ。

毎回、四〇〇人くらいでやってきては文字通りの大名旅行で江戸に参内《さんだい》した。なにせ貧乏な国だから、途中の宿で出された食器から床の間の陶器から掛け軸から緞子《どんす》の布団まで洗いざらい持って行った。

京都大学所蔵の朝鮮通信使の道中絵が残っていて、彼らが民家の鶏を盗み、住民が追いかけて朝鮮人たちを懲らしめるさまが描かれている。

面白いことに日本側の住民は格子柄とか黒く塗られた衣装なのに、朝鮮人はみな一様に真っ白の着物姿に描かれている。

宮崎　朝鮮は貧しい上に染色の技術がなかった。みな洗いざらしの木綿服ばっかりだったという史話をちゃんと描き示していたわけだ。

高山　その通りだ。一行は徳川家の新将軍が就任すると、それを口実にやってきてはどんちゃんやっていく。六代将軍家宣《いえのぶ》の時代、新井白石が何の知的刺激もない、意味なく財政を浪費しているだけだと通信使の廃止を献策した。一回に一〇〇万両かかった。大変な額だ。それに彼らの道中の盗みもあり、幕府はその弁償もしなくてはならない。

宮崎　だけど福田康夫のように人の嫌がることはしない、外国に良く思われたいと思う浅はかな日本人もいる。この時は老中の土屋《つちや》政直《まさなお》がいい顔をしようとした。

高山　白石も老中がそう言うのじゃあ仕方ない、ただし接待は質素に、宿屋にはいいものを隠せと指示して経費を半分くらいにしたらしい。

宮崎　白石が偉いのはやっぱり国際情勢に通じていたことでしょう。禁令を犯して日本に入り込んだ宣教師シドッチを生かして西洋事情を聴きだした。

高山　一七〇八（宝永五）年、日本にやってきたシドッチね。

宮崎　本名はジョヴァンニ・バッティスタ・シドッチと言って、イタリアはシチリア島生まれのカトリック司祭でしたね。

江戸幕府が禁教政策に転じているのを構わずに、鎖国中の日本へ出航する。最初は鹿児島県屋久島に上陸したのだけど、言葉が通じないために捕らえられ、長崎から江戸に護送される。

幕政を担っていた新井白石が直接、尋問し、彼は尋問の内容をまとめた『西洋紀聞』と『采覧異言《さいらんいげん》』（世界地理書）なる名著を残す。幕府に対して白石は「本国送還」を具申したのですが、江戸幕府はシドッチを茗荷谷の切支丹屋敷へ幽閉します。

注目すべきは、江戸幕府は彼をすこぶる寛大に扱い、拷問もなし、囚人ではなく、二〇両五人扶持ですよ。しかし「宣教をしてはならない」という条件を破ったため、地下牢に移され、一七一四（正徳四）年に衰弱死する。

余談だけど、二〇一四年にこの切支丹屋敷跡地を発掘したところ、驚くべきことに人骨が発掘され、国立科学博物館が調査したところシドッチの人骨とわかりました。まさに異国に骨を埋めた。

朝鮮通信使への対応の違いを見ると、朝鮮通信使は日本にとって何の益もなかったということになる。

高山　白石のアンチ通信使の思いはその後、十一代家斉の時に再燃して、老中松平定信が朝鮮通信使はもう江戸まで来なくていい、どこか適当な場所、対馬辺りで接待すればいいと言い出した。いわゆる「易地聘礼《えきちへいれい》」となった。

朝鮮側はもっと物見遊山させろ、江戸まで行かせろと騒いだが、一八一一年、対馬での聘礼があって、朝鮮側はそれを最後に来なくなった。彼らの目的はたかりだった。この結末が実によく物語っていると思うね。

宮崎　この朝鮮通信使は対馬から瀬戸内に入って広島の鞆《とも》の浦に上陸するのが定石だった。あそこは絶景の地だったけれど、それ以上に瀬戸内の要衝《ようしょう》でもあった。

だから足利義昭《よしあき》も信長に追われて都落ちした時、あそこに幕府を二か月くらいは開いていた。島津の西郷も大久保も土佐の竜馬も鞆の浦に必ず泊まった。あそこは結局、交通の要衝であると同時に当時の内外の情報拠点だった。

高山　鞆の浦はいまは開発反対の妙な左翼が頑張っていて道路の拡幅も認めない。すっかりさびれてしまい、少なくとも交通の要衝ではなくなった。

宮崎　二年前にも鞆の浦へ行きましたが、結構外国人観光客が来ていましたよ。日韓共同で来年とかにユネスコの記憶遺産にするとか頑張っている。朝鮮通信使をもっともらしく飾り立てるのではなく、はっきり彼らがニワトリ泥棒で、いまと変わらないことを示す記憶遺産にするのは歓迎ですが……。

高山　日本には朝鮮経由で支那からの文化文物が伝わった風な誤解がある。それが大いなる過ちだということを実はこの二つの、つまり室町期、江戸期の朝鮮通信使の実態が示している。

彼らは唐辛子を倭辛子《わがらし》という。日本から伝わったことを示している。支那大陸の南部、寧波《ニンボー》、あるいは広東を経て日本に来た文物や生活調度品が日本から半島にもたらされたということの証拠でしょう。

現に半島では川の名前は洛東江とか漢江とか言う。江戸の「江」が川を意味する。支那では朝鮮に近いはずの北京周辺が黄河とか熱河、遼河とか、川を「河」と書く。対してそれこそ日本と交流のあった寧波以南では長江、黄浦江、珠江など「江」が使われる。朝鮮に漢字が流れたのも日本経由と言ってもいいんじゃないか。

とにかく黄文雄さんは、あそこには文化のブの字もなかった、まともな社会集団もなかった、文化的には無人の時代が長かったと指摘していますからね。水車のつくり方も知らなかったぐらいだから。

8 鎖国は賢明な外交政策だった

宮崎　徳川家康から始まった江戸幕府が、幕府を開いて早々にやったのが鎖国でした。これはなかなかよい外交の一種でした。

軍事学で著名な兵頭二十八さんが『「地政学」は殺傷力のある武器である。』（徳間書店）という本でね、「どの国家も、地理が政府の性格を規定しているので、昔と同じ〝決定のパターン〟を今後も延々と繰り返す可能性が高いのです。これなど地政学の真髄であり、ここをしっかり摑んでおくなら、外国とのつきあいで大損害をこうむることはありません」と言う。

そして「思えば江戸時代の『チャイナ・リスク』理解は、おそろしく的確でした。支那王朝とのつきあい方として『鎖国』にまさるものはなかったのです。それが日本人をいちばん安全にしていました」と指摘しています。

まさにそのとおりで、日本の近現代史の悲劇は、支那とどうしても付き合わなければならなくなったことから来る必然の悲劇なのです。

高山　日本が鎖国したのか、相手が鎖国したのか、いずれにせよ「交流がない」という状態はどうだったか。

その卑近な例に「毛沢東の中国」を考えてみたらどうだろう。

これは宮崎さんの専門だけれど、毛沢東は井崗山《せいこうざん》から延安辺りをうろうろしていただけで、自分から国際社会に出かけることはなかった。

中共を建国したのが一九四九年一〇月で、その年の暮れにスターリンを訪ねてモスクワに行ったのが彼の初めての国外旅行じゃなかったか。

宮崎　何でも飯から御虎子（おまる）まで持って行った。それくらい暗殺を恐れていた。

高山　ところがスターリンは彼を徹底無視して一か月近く放ったらかしにした。

やっと一九五〇年二月、スターリンはわざわざ笑顔でもって中ソ友好条約を結ぶのだけれど、その裏で金日成と示し合わせて朝鮮戦争を企んでいた。

毛沢東が北京に帰って三か月後に北朝鮮が韓国に侵攻したものの三か月後には追い返され、鴨緑江まで踏み込まれた。中共はその尻拭いをさせられる。

共産主義者の醜さ満開だけれど、それは措いておいて、毛沢東はこれに懲りて国外旅行は敬遠し、人民どもも外に出さなかった。

つまり一種の鎖国だった。おかげで日本人は支那人に騙されることも、ピッキング被害に遭うことも、福岡県の一家四人が殺されることも、毛沢東の時代にはまったくなかった。

宮崎　二〇一九年武漢から流行し、二〇二〇年にはパニック騒ぎとなっている新型コロナウイルスだって、鎖国していれば、絶対に入ってこなかった。

高山　鎖国というのは騙されやすい日本人には結構意味のある治安方策と言っていいんじゃあないか。現に日本では日清戦争以降、支那と直接かかわりを持った途端に碌《ろく》でもないことばかり起きてくる。

面倒見てやったのに、日貨排斥、五・四運動、そして第一次上海事件から日中戦争に発展する第二次上海事件へと続く。そのすべてが向こうから仕掛けてきたものだ。

宮崎　南京事件の研究で知られる阿羅《あら》健一さんが日中戦争に関して、『日中戦争は中国の侵略で始まった』（悟空出版）で、面白いことを言っている。

日中戦争の緒戦である上海を舞台とした激戦を振り返って、「日本は中国からの攻撃にことごとく受け身であった。突如攻撃を受けた日本は、反撃のための作戦を立てて遂行したのであって、自ら中国を侵略するために何年も前から作戦を練って戦争を始めたのではないことは、はっきり理解できたと思う。むしろ中国が日本を戦争に引き込む準備を着々と進めていたこともわかったと思う。このことは戦中の日本の常識でした。GHQの情報操作によって、戦後の日本人は『日中戦争は日本の侵略戦争だった』と思い込まされたのだ」と。

高山　鎖国は常に日本が用意できる避難手段だった。それは「桜はうちが原産ニダ」とか「尖閣は二〇〇〇年前から核心的領土だ」とか言い募る隣人が出てきたいまにも言えると思う。国交断絶と言わないまでも、付き合いは昔の伝統に倣《なら》って葬式と火事だけにすればいい。

宮崎　だけど徳川幕府が賢いのは、長崎に出島をつくったりして世界の情報は入ってくるようにしている。

徳川家康だって、三浦按針《あんじん》ことウィリアム・アダムスを、やっぱり何度も呼び出して世界情勢を聞いた。そのうちあんまり彼が優れているので、自分の顧問にしているんですね。アダムスは航海術、造船、全部知っていたわけでしょう。それを部下に学ばせた。日本橋に按針町まで与えた。アダムスは最後は、平戸なんだよね。なんで平戸に行ってるのか、不思議だったけれど、あそこでイギリスとの貿易をやらせていたのですね。

高山　横須賀に京浜急行の安針塚駅というのがあって安針塚があるよね。

宮崎　神奈川県の三浦郡に領地を与えて大切にした。何を言いたいかというと、家康の前まではみんな、ポルトガル一方通行だったわけですよね。

ずっと頭の中はカソリックだったわけでしょう。そこに、教会の全然違う会派のイギリス人がやってきて、世界情勢をまったく異なるアングルから説きだしたので、「ああ、そうか」と世界情勢の複合性を認識するに至った。

いままでの世界観は間違ってるんじゃないかと思ってね。

高山　確かに日本人は相手をよく勉強した。鎖国と言っても駝鳥《だちょう》のように砂に頭を突っ込んでいたわけじゃあなかった。

一九世紀、長崎の港にオランダ国旗をつけた軍艦が闖入《ちんにゅう》してきた。正体はオランダの植民地を荒らす英軍艦のフェートン号で、出島のオランダ艦をやっつけに来た。

結局、長崎の港をさんざん荒らして水と食料を奪って逃げた。日本は英国を将来にわたって危険な国家と判断して、すぐオランダ語通詞《つうじ》六人に英語を学ばせた。

三年後には日本初の英和辞典「諳厄利亜語林大成《アンゲリアごりんたいせい》」一〇巻を編纂している。敵に備えるにはまず敵を知る。そういう作業は植民地にされていく支那やアジアの国々のどこにも見られなかった。

これも日本の立派な外交と言えるのじゃないか。

宮崎　実際に長崎の出島に行くとわかりますが、まったく狭い場所ですね。あんな狭い所で広い世界と交流していたのかと思います。

こんにちハウステンボスに観光に行く日本人にしても、せっかく長崎なら高嶋秋帆の屋敷跡へ行くとよいと思う。幕末に私費で近代銃の開発、改良やら大砲もつくっていた。庭は試射場だった。ところが幕府は反乱の恐れありとして高嶋を幽閉《ゆうへい》しちゃった。

9 キリスト教を追放したのは日本の外交勝利

高山　次に豊臣秀吉のキリスト教排除。改めて言うけど、日本の外交で世界的な勝利というのは、秀吉や家康、家光のキリスト教対策だったと思う。あくまでもいい意味でね。

宮崎　あれこそ、日本が珍しく誇ってよい外交ですからね。キリシタン・バテレンの危険性を一番早く見ぬいていたのは明智光秀でした。

高山　あれを許しておいたら、日本は別の歴史を歩まされた。キリスト教というのはローマの昔から、不寛容の宗教だった。一切の妥協がない。

旧約聖書を見たって他の民族に慈悲をかけてはいけない。もし彼らを生かしておけば、あなた方の目の中のとげとなり、脇腹のいばらとなってあなた方を悩ますとある。だから殺しちまえというのが、旧約聖書というか聖書の教えで、キリスト教も同じ偏狭さを引き継いでいる。

ローマは、ギリシャの神々を崇めながら、エジプトのイシス神もペルシャの神も崇めている多神教国家だった。そこへ神は一人だけ、他は全部排除するというキリスト教がやってきた。当然、皇帝ネロのように、追い出し続けていた。

だけど三九二年、テオドシウスが認めて国教にしてしまった。そうしたら途端に、ギリシャの神々を破壊して、イシスもミトラも叩き潰してしまった。

宮崎　日本がキリスト教を事実上排除したという最大の功績は、やはり秀吉です。

いまの高山さんが指摘された、キリスト教がいかに悪かったかということですが、そういう意味では、イスラムが一番合理的と考えられる。
山内昌之さんが『中東複合危機から第三次世界大戦へ』（ＰＨＰ研究所）の中でこんなことを書いています。

「ユダヤ教もキリスト教も同じセム系信仰の流れの中にある。ただし、ユダヤ教はユダヤ民族だけの宗教として、その教えを狭めてしまった。キリスト教は三位一体、神、キリスト、聖霊という神秘的な教義を一神教に持ち込むことで、人間であり預言者であるはずのイエスを神と並ぶ信仰の対象にしてしまった。その点で、どちらも一神教としては歪んだものになった――と解釈するのがイスラムの立場である」と、なかなかいいことを言ってる。

しかし、そのイスラムは結局、日本には微々たる勢力しか入ってこない。

高山　イスラム教は、ユダヤ教をベースにしていて、だから女を馬鹿にしている。そもそも宗教はみんな女性を馬鹿にしている。というのは、母系社会を男系社会にするための「あがき」が、宗教を生み出したという風に考えるとよくわかる。

例えば、ヒンズー教の聖典なんかを見ると、女は夫がどんな好色でも暴力亭主でも酔っ払いでも、神として崇めろと教える。

それから夫が死んだらきれいな奥さんでもサティといって一緒に、荼毘《だび》の火にくべて燃やされちゃうし。まったく女を認めないわけだ。

イスラムも同じ。女は男の半分の権利しかない。だからつい最近、イランであった実例だけど、女が男に硫酸かけられて両目をつぶされた。判決は報復に男の片目だけ硫酸をたらしてつぶせと命じた。女は半分なんだ。両眼つぶされたら、片目しか仕返しできない。

それはイスラムの本家本元はユダヤ教だから。ユダヤ教もまったく同じ。女がかぶり物をかぶらされる最初の記述は、ヨブ記だものね。女性は男を誘惑しないように髪を隠せ。かぶりものをしろ。

女は不浄だから不浄な女の子を産んだら、六〇日忌み小屋にこもれだとか。

エルサレムにユダヤ教の聖地「嘆きの壁」がある。最近になって、やっと女が「嘆きの壁」の聖地に入って壁に触れるようになった。いままで、あそこは男しか入れなかった。我々異教徒でも男であれば嘆きの壁に触ってもいいのに。

それぐらい女には偏屈な宗教だ。仏教もね。葷酒《くんしゅ》だけじゃなく女も山門に入っちゃいけないという。

そこへいくと日本の神道は宗教というか、自然哲学でしょう、天照大神から始まって女性輩出ですよ。

宮崎　日本では「山の神」が一番偉いんだから（笑）。何たって女を排除していませんね、日本の神仏習合という信仰の土壌は。

高山　イスラムは女を見下す意味で山の神のいる日本には絶対入れない。それからイスラムの悪いところは、親がイスラムなら子供もイスラムに決められている。

だから、一回でもイスラム教徒（ムスリム）と結婚したら、子供もイスラムだし孫も全部イスラム。イスラムをやめてキリスト教に戻るとか、あるいは神道に戻るということをやると、これはアッラーに背く罪で死刑にされる。

サルマン・ラシュディ（イギリスの作家、インド出身、元イスラム教徒）がホメイニに死刑宣告を受けた理由の一つは、それなのよ。キリスト教に転向したこと。

宮崎　日本だって、一九九一年に筑波大学のキャンパスで発生した「悪魔の詩《うた》訳者殺人事件」で殺害された五十嵐助教授もいた。

高山　彼の場合ね、狂信派の革命防衛隊とかイスラム協会（アンジョマネ・イスラム）による犯行という見方を取っている。一番怪しいとされたのは短期留学していたバングラデシュの学生で、事件の翌々日、成田からダッカに戻ってしまった。彼がホメイニ師のイスラム革命に強く共鳴していたという話も聞く。でも、日本側は親日国バングラデシュとの親交が害されるとか、外務省がヘンな判断をしてそのことを伏せてしまった。ずっと後にダッカで日本人がまとめて七人くらいイスラム過激派に殺された。あそこは親日国以上に危険なテロ国家だった。外務省は判断を誤ったね。

それはともかく、ローマですらネロの抵抗むなしく、キリスト教化されたままだけど、日本は一応入れておきながら根性が悪いのがわかってから後に完全に追い出した。やっぱり日本は賢かった。

宮崎　まずキリスト教を入れた一番はやっぱり織田信長なんだけど、高山右近は信者で、最初に入信したのは長門の大内義隆。それから大友宗麟《そうりん》でしょう。伊達政宗もすぐ信仰して、信長がそれを奨励する。

信長はしかし、なぜキリスト教に寛大だったかといえば、アンシャンレジームである仏教、とりわけ浄土真宗をまず排撃しなきゃいけない。そのてこの一つとしてキリスト教を使ってるだけなんです。それと文明の利器である鉄砲と火薬を入れる。そのためにはキリスト教を多少は認めてやろうというのが、信長の打算じゃないですか。だから、信長自身、全然キリスト教を信じていないでしょう。信長が信仰したのは法華経だった。

高山　あの時来た宣教師が、日本のことを書いてるのがありますね。

宮崎　たくさんありますね。ザビエルも書いてるし。オルガンチノとかね。

高山　ルイス・フロイス。彼の書いたのを見ると、日本の軍備がどうの、城壁はどうか、刀がすごいとか、鉄砲はどうかとか、船のこぎ方まで記録している。戦略的視点ばかりだ。

宮崎　要するに、軍事スパイですよ。宣教師だなんて表の仮面でしかない。とりわけイエズス会はカソリックの戦闘集団だった。いまでいうならＩＳとかタリバンです。

高山　フロイスの報告書には、「日本人は一度侮辱されたら、命をかけて戦う。だからこんな国を侵略しちゃいけない」という忠告がついている。

宮崎　このフロイスの文章というのは、明治時代に翻訳され始めているが断片的で、結局ポルトガルまで行ってその文献を発見して、これを全訳しようというのは、戦後の試みで近年ようやく、全訳がそろった。

だから、例えばもっと意外なことも書いてあるのね。秀吉は指が六本あったとか。

高山　えっ。そんな話もあったの。

宮崎　これは日本の文献には出てこない。

彼らは遠慮がないからありのままを書くでしょう。本当にサルに似てるって書いてある。

高山　高山右近は、高槻の城に入ると、ローマでキリスト教がやったように領域内の神社仏閣を全部壊していった。坊主にキリスト教入信を勧め、坊主が拒絶すると処刑している。それを知って秀吉は「何でお前ら、神様同士仲良くできないのか」と。日本には〝八百万〟もいるんだから、一つくらい増えてもいいと好意的に迎えてやったのに、その狭量さが許せなかった。

それに彼らキリシタン大名は非キリスト教徒だという理由だけで、相手の領民を捕虜にして、その捕虜を奴隷として売った。

秀吉はそれが絶対に許せなかった。奴隷を買い戻す金も用意すると言った。それが秀吉の伴天連《バテレン》追放令の中身。いまのフランシスコ教皇なんか秀吉に迫害された者を叙勲するって言うんでしょう、今度。

日本もそれにこたえて秀吉や家康によるキリシタン迫害を記念遺産にすると言っている。あれはヴァチカンのキリスト教を邪宗と名指しして追放した日本への報復だよ。

世界でキリスト教を追い出した国って、いまのイスラムは別にして、キリスト教の邪悪さを見てとって追い出したというのは、日本だけ。日本の外交の勝利ですよ。

宮崎　高山は高山でも高山彦九郎の本名は正之。あれ、誰かと似ている。さて秀吉がなぜそこまで鋭敏だったかは、海外事情を把握していたからです。

初めは非常に寛容だったんですよね。それが、いま高山さんが言ったようにキリストを八百万の神々に並ぶ柱にしてやるって言ったら、とんでもないということになった。

もう一つは、軍事戦略として、宣教師らは先乗りして情報を収集するのが目的だった。現に布教を許した所はみんな侵略された。マカオは取られ、フィリピンは取られ、インドのゴアも。ゴアをインドが抜き打ち的に軍を送って取り戻したのは、じつに第二次世界大戦後、ネルーの時代になってからです。

だから竹島や北方領土を回復するにはあと数百年を要するかも知れません……。


高山　秀吉は、九州征伐に出て、伴天連やキリスト教徒の身勝手を知った。九州のキリシタン大名たちは多くの戦国武将がやったように敵と合戦して領土を取っていく。

百姓たちは戦国武将の戦いを弁当持ちで見物するのが一つの形になっていた。

そうした日本型の戦争は、例えば備中高松城の清水宗治のように敗軍の将が腹を切れば、それで終わりだった。

旧約聖書を始めとする西洋の戦争のような略奪や強姦、殺戮はなかったのが日本の戦争だった。

ところがキリシタン大名は違った。勝つと敵の大将を殺し、財産を略奪したうえ、日本にその習いがなかった捕虜を取った。

将兵やその妻女も捕まえた。民百姓まで捕虜にした。そして捕らえた彼らを奴隷として国外に売り払った。いまでいうトータルウォー、絶滅戦争ですよ。

宮崎　ローマ教皇に会いに行った少年使節が外国の「奴隷市場で秘所までさらけだして売買される日本人女性」を見て嘆いている。

高山　別の資料では先ほど言ったように火薬の原料硝石一樽が女五〇人と交換されたとある。その奴隷売買の指揮をとったのがほかならぬ伴天連どもだった。

一五八七年、平戸にいたイエズス会の日本支部長ガスパール・コエリヨが秀吉に呼び出され、「ポルトガル人が日本人を奴隷としてインドに売っているのをなぜ黙認するのか」と詰問される。いわゆる伴天連追放令だ。

同じ話は前述のルイス・フロイスの『日本史』にも出ていて「ポルトガル人が売った日本人をすべて日本に送り返してほしい。いまポルトガル人が売るために捕まえている日本人を解き放ってほしい。その日本人を買い戻す金は私が出す」と秀吉は言っている。

日本人はキリスト教関係者がそう言っているからと秀吉をキリスト教弾圧者として批判するが、むしろ秀吉は日本の治安と日本人の魂を守る為政者として見事な外交を演じたと見るべきなのだ。悪いのはどっちだ、まったく。

宮崎　朝鮮通信使のところで少し述べたけど、徳川のキリシタン禁令のあと、シドッチが薩摩に潜り込んだ。

江戸に送られて新井白石が彼を尋問し、『西洋紀聞』を著した。この中で白石は日本を「粟粒を散らしたような小国」と卑下すると、シドッチは「日本人は徳も知的レベルも高い。すごい大国だ」と褒める。

白石は支那の方が大国ではないのかと問うのに答えて、シドッチは近きを卑しみ遠きを貴ぶ、つまり自分を卑下して外国人が立派と思い込むのは日本人の悪い癖だと指摘する。

秀吉の評価もまさにシドッチの言う通り。伴天連たちの言葉を貴び、同じ日本人が秀吉を悪者にする。

これはいまの世にも通じる、日本人の抜きがたい悪弊かもしれない。

宣教師なる人たちは、仮面を外すと侵略者の先兵ということになる。

だから秀吉は、これは危ないと。それで、朝鮮征伐に行くわけです。この秀吉の行為は現在でいう「プリエンプティブ・ストライク」。つまり防衛的先制攻撃という意味だ。

朝鮮は明を攻めるための通り道なのに、通り道でちょっと道草くっちゃった。だから、朝鮮への出兵というのは、防衛的な文脈からみれば正しいのです。

高山　江戸幕府が最終的に伴天連追放を決断したのは、島原の乱があったからです。彼らの拠点、原城がなかなか落ちない。そこで幕府はオランダに大砲を貸してくれと頼む。ところがオランダ人はいやいや俺たちがやってやると、喜んで砲撃したのでびっくりする。同じキリスト教徒同士でも原城に籠もるのはポルトガル系の旧教徒で、オランダはカルバンの新教徒。その違いだけで平気で殺す。幕府はそれで本当にうんざりしたみたいです。

宮崎　あれは完全にカソリックとプロテスタントの戦争ですよ。旧教と新教はちょうど三十年戦争を戦っている時代で、その憎しみは激しかったから、日本人にはとても信じられなかったでしょう。最後の原城への砲撃はオランダの火力だった。

高山　最近、島原へ行って初めて知ったんだけれども、山田右衛門作《えもさく》という絵描きがいた。原城が落ちた時に籠城していたキリシタンは全員が殺されますが、処刑のため牢獄に入れられていた山田右衛門作がたった一人生き残った。天草四郎時貞《ときさだ》がどうだったのか、内情が全部わかったのは、その山田右衛門作の絵と証言があったからです。

右衛門作は原城の外と接触があって「天草四郎を暗殺するかわりに女子供を逃がしてほしい」というような交渉をやっていた。その返礼の矢文が見つかって、計画が漏れて右衛門作は捕まってしまう。

捕まえた天草四郎は何をやったか。「裏切り者は許せない」と言って、右衛門作の見ている前で妻と子供を並べて殺していった。そして、「おまえもあとで処刑だ」と言って牢屋にぶち込んだ。そうしたら、原城が落城して右衛門作だけが生き残った。それで、キリシタンの内部事情が全部わかった。何の罪もない妻子を平気で殺すキリスト教の残酷さを暴いた。それがキリスト教が禁教となって、邪宗になった理由の一つだったようだ。

明治政府になって「五榜《ごぼう》の掲示」というのを立てるでしょう。あの中に「切支丹邪宗門を禁ず」と。キリスト教を禁じている。それを見たアメリカが仰天して文句言ってくるんだよね。でも外さなかった。

宮崎　邪宗門は高橋和巳の小説の題にもあるけれど、後には大本教にも使われた。

高山　でも真意はキリスト教を意識している。それで横須賀だか横浜では立て札を撤去はしたけど、他は全部そのまま。

明治二十三年の憲法で信教の自由を言って、初めて日本での布教を公認した。それまでは黙認だよ。キリスト教会が同志社をつくったり、なんかいろいろやるでしょう。でもそれは黙認、許してやっている。

宮崎　学校という名目でキリスト教が日本に入ってきた。同志社なんて典型でしょう。新島襄とか津田梅子とかが学校を開設した。

あれだって、日本で最初の女学校とかいう触れ込みであって、宣教師派遣のもとに創立したということは一つも書いてない。

海外まで行って最初に学校つくるなんて、そんな篤志家がいますか。

いや、そもそもアメリカのハーバード大学でもプリンストンでもイエールでも、プロテスタントの牧師を養成する塾だったんじゃないですか。それがいま、世界一の大学だなんて偉そうなこと言っていますけれど……。

高山　それはアメリカだけじゃなくて、よそのキリスト教会もそうなんですね。

10 アメリカと渡り合った江戸の外交

高山　だけど、やはり幕末の欧米列強との外交は失敗してからの出発だよね。嘉永六（一八五三）年、浦賀にペリーがやってきて砲艦外交をやられた。そして五年後の安政五（一八五八）年、日米修好通商条約を結ぶ。これがひどい不平等条約だ。恐らく幕臣は、不平等条約という確信もないままに、騙されるようにしてこの条約を結んだんじゃないかな。

領事として着任したハリスなんて、ひどいよ。

宮崎　幕末に、やっぱりハリスの前の人たちにも大いに騙されたのは、金銀のレートを迂《う》闊《かつ》に一緒くたにしちゃって、日本の金一に対してメキシコ銀四で交換したため、日本から金が大量に流出してしまった。あれはすぐ止めればよかったのに、なんで止めなかったんだろう。その不手際が、ずっと続くんですよね。

スミソニアン合意の時だって、日本が貯めた外貨が一方的に流れ出ていったように、あの不手際、あの時の、確か柏木という財務官が「急いでアメリカとヨーロッパを回ってくるから、十日間レートを動かすな」とかいう馬鹿な命令をして。その間にドッと日本から外貨が出ていくわけですよ。

メキシコ銀四で金一と換えた。ごっそり日本から金が出ていっちゃった。当時の損失はおよそ六万両とも七万両とも推計されていますね。

日本が備蓄している金の三分の一ぐらいが海外に流出した。これで江戸幕府は財政的に窮地に追いやられる。それを見ていたハリスが乗り込んできた。ハリスもあくどい商売で成り上がっていた人物で、それで政権に近づいて駐日公使の特権をもらって、やったことは何かといったら金銀の交易、貿易で金をえらい儲けたらしい。

高山　一説には、これでアメリカにほとんどプール一杯の金が流れこんだ。そしてあの時期に南北戦争（一八六一〜六五年）が起きた。連邦政府側、つまり北軍にはたっぷり金があり、それで熾烈《しれつ》な戦争をやっていけた。

言ってみればリンカーン大統領を支えてやったのは日本ということになるわけだ。

宮崎　勝った時の武器がまた日本に輸出されて、戊辰戦争（一八六八〜六九年）が起こり、幕府軍を殲滅《せんめつ》する時の官軍の武器になった。

高山　あの時は好き放題、たかられ、盗まれた。馬関戦争（一八六四年）の時も、アメリカはひたすらこすかった。

あの時は南北戦争の真っ最中で、米国は日本に軍艦を置いていなかった。それで米国船籍の商船に小さな砲を乗っけて軍艦だと言って下関に行った。

一発だか二発だか撃った。それで七八万五〇〇〇ドルの賠償金を取った。英仏などは正規の軍艦を持って行って砲台をぶっ壊したり、六十余人の死傷者を出したりしている。それなのにアメリカは賠償金を同額取ってる。

アメリカというのは本当にあくどい。中でも金銀の交換レートがやっぱり一番あくどかった。

宮崎　ハリスは、確か下田の玉泉寺が最初の領事館ですよね。そうそう、何年か前、渡辺惣樹さんの案内で高山さんと一緒に見学しましたね。

それからハリスは東京へ移ってきて、元麻布の善福寺に居を構える。

高山　ハリスはピロリ菌か何かを持っていて、腹痛を訴え続けていたとか、痔になったとか。

宮崎　女には何の興味もなかったらしい。
高山　そうそう、例の唐人お吉とは暫くは同棲もしていたけれども、突然出入り禁止にした。
宮崎　それで彼女は稲生沢川《いのうざわ》に身を投げるわけでしょう。あんな狭くて浅《あさ》い川にどうして。あれは溺死できる川じゃない。
高山　昔はものすごい流れがあったんです。改修する前は深い淵だった。
　馬関戦争でもう一つ指摘したいのは、高杉晋作。彼は要するに、我々は攘夷という幕府の命令を受けてやったのだから、賠償金を我々は払わなくてもいい、幕府が払うべきだといった。実際に各国からの請求書は幕府に回された。この交渉力もすごいよね。
宮崎　高杉晋作だって、やはり吉田松陰門下であって、日本は帝《みかど》の国であるという、吉田松陰直伝の神州不滅ということを信じてた人だから。
　早々と上海に行って、外国に占領されたら国家というのはどれぐらい惨めになるかということを、目撃してきています。
　やっぱりそこのところはすごいですよね。だから勝手に藩の許可も得ないで軍艦を買ってきたり、随分書籍を買ってきてますよね。高杉晋作の上海日記は新書版でも出ています

（『高杉晋作の「革命日記」』朝日新書）。

外交の基本的武器は情報です。日本語の「情報」はいまではインフォメーションの意味しかありませんが、中国語の「情報」とは「諜報」の意味です。

古今東西、もっとも重宝がられたテキストは『孫子』です。日本でも古くから読まれ、これに大いに学び、山鹿素行が最初に体系化します。

山鹿軍学を教祖とする吉田松陰が、これを受け継ぎ、日本がインテリジェンス戦争をいかに闘うかを研究した。孫子の重要性は戦いの具体的戦術の妙より、じつはインテリジェンスにあるといえます。

江戸時代、孫子を詳細に評したのが山鹿素行（『孫子諺義』）、新井白石（『孫武兵法択』）、荻生徂徠（『孫子国字解』）、そして幕末に最大級の孫子の理解者兼批判者は誰あろう、かの吉田松陰でした。

松陰は松下村塾でも孫子を克明に講義し、その記録として『孫子評註』を書き残した。じつに丹念に綿密に孫子を解題しています。

後世、乃木希典の校閲を経て海軍兵学校の教科書ともなったものです。

高山　吉田松陰は孫子から情報の重要さを学んだ。

宮崎　しからば松陰は孫子をどう見ていたかと言えば「敵を知り己を知る」ために死活的な国家戦略とはインテリジェンス、すなわち敵の情報を正確に入手し、対策を立てるための「間諜」の重要性であり、国家が死ぬか生きるかはすべて軍隊の充実と情報戦争にある。つまり、的確な情報を早く入手し、正しく分析し、それを武器として情報心理戦を戦う。吉田松陰は情報戦略の重要性をいち早く見抜いていたわけですね。

「蓋《けだ》し孫子の本意は『彼を知り己を知る』に在り。己を知るには篇々これを詳《つまび》らかにす。彼を知るの秘訣は用間にあり」（松陰『孫子評註』）。

つまり敵の実情を知り、己の実力を客観的に比較できなければ戦争は危ないが、敵の情報を知るにはスパイを用いることであると強調している。松陰のいう「用間」とはスパイです。

スパイというと戦後の日本ではたいそう聞こえが悪いが、インテリジェンスのことです。戦後の日本がまったく忘れてしまったインテリジェンスと国防力強化、これが国家に枢要な課題だと吉田松陰は力説したのです。そして自ら外国の情報を収集しようとして下田からの密航を企てるわけです。

高山　その弟子が高杉晋作。文久二（一八六二）年、藩命で留学し、清の実情を知る。黙

っていたらやられる。それで抜群の交渉力を身につけた。文久四（一八六四）年、馬関戦争後の連合国との交渉で、相手は彦島の租借を要求してきた。しかし、高杉は絶対に受け入れなかった。立派な外交感覚。いまの外務省にはないよね。

11 野蛮な欧米に対抗した幕末の日本人の気概

宮崎　もう少し吉田松陰論を続けますと、昨今の吉田松陰論では次の項目がばっさりと抜け落ちています。

第一に、吉田松陰は陽明学者である前に兵学者だったこと。松陰が戦略的な発想のもと、国家百年の大計を考えていたという重要なポイントが語られないのです。

防衛力強化を主唱してやまなかったことを無視する左翼的論客はもとより、軍事面を閑却する保守側の評論さえ、うさんくさい。

松陰にとって『孫子評註』と『講孟箚記《こうもうさっき》』が代表作であるにもかかわらず、世にはびこるのは『留魂録』と辞世、その愛国心と松下村塾の教育方針です。

稀有《けう》の「教育者」という像を追うのも、愛国心の烈々さを説くことも重要だろうけれど、いかにも「戦後的」であり、一面的だね。

松陰は中国の古典をほとんど読み尽くしたが、最後にたどり着いた思想家は、孔子ではなく孟子であり、そして李卓吾《りたくご》ら陽明学派でした。

当時、日本の学界の主流でもあった支那学、すなわち中華思想への根底的懐疑をもとに、江戸時代のアカデミズムにはびこった中華思想の害毒と闘ったのですね。

さらに吉田松陰は稀有な「孫子」の理解者だった事実が、何か不都合な事由があってのことなのか、戦後の松陰論から抜け落ちてしまいました。

松陰が、松下村塾での講義録の最後に完成させた『孫子評註』は傑作ですよ。吉田松陰全集第五巻に入っています。これを現代語訳にして出版したらいい。

それまでにも孫子は荻生徂徠、林大学、新井白石、山鹿素行らが解題したが、松陰のそれは過去の業績を読みこなした上での集大成です。孫子の欠陥を網羅し、日本的誤解を糾弾した。

その講義録は弟子たちが編纂《へんさん》し、死後に久坂玄瑞《くさかげんずい》ら松下村塾門下生が出版し、『孫子評註』としたのです。最も影響を受けた一人は松下村塾の後期に学んだ乃木希典で、乃木は後年、自ら注釈を新たに施し、松陰の『孫子評註』を私家版として校閲し出版した。

これは後に、海軍兵学校で必読の書とされた。しかし戦後、こういう作品があったことさえ論じない松陰伝記が主流となりました。

現代日本では肝心要の軍事的側面からの孫子へのアプローチが少なく、防衛と安全保障議論を閑却してきた戦後の安直な風潮が背景にあります。

孫子の肯綮《こうけい》（物事の急所・かなめ）をまとめると、次の七つのポイントに集約されます。

一、戦争は国の大事である

二、最良の策は戦わずして勝つことであり、「敵を知り己を知れば百戦すべて殆《あや》うからず」だ

三、兵は詭道《きどう》である

四、上策は謀《はかりごと》を伐《う》ち、中策は外交で勝ち、下策は兵を交え（戦争をする）、下の下は城攻めである

五、将の器量と天候、地勢などによる作戦の判断が重要である
六、士気を高めるには敵愾心を煽り、戦いは即断即決、城攻めなどの持久戦はよほどの覚悟が必要である
七、したがって多様な間諜《スパイ》を同時多発的に使い分けよ

幕末の危機、日本にこんな感覚があったから、欧米列強から日本を守れたのだ。これらのことが、いまの日本外交に活かされていませんね。

高山　幕末期の領土問題でも、日本人は頑張ったね。

文久元（一八六一）年、ロシア軍艦対馬漂泊事件というのが起きる。ロシアの軍艦が対馬の芋崎を占拠し、営舎を建てたりして、半年余りにわたって居すわる。その間、慰安婦差し出しを要求したり、殺人や略奪もあった。

この報を受けて幕府は外国奉行、小栗上野介《おぐりこうずけのすけ》を派遣し、交渉に当たらせた。この時、一回目の交渉では、艦長ビリリョフに対馬藩主宗義和《そうよしより》との謁見を認めたが、これは駐留を既得権として認めることになると考えて、第三回の会談で前言を翻して、謁見を拒否する。この約束違反に対して小栗は「自分を殺しても構わない」と臨むわけだ。そして江戸に

帰ると、国際世論に訴えることを提言した。

事実、イギリスが乗り出してきて、イギリスの軍艦二隻を対馬に回航させた。イギリスの力を借りて、領土を取られかけたのを防いだ、というわけだ。

先ほども話したけれど、文久四（一八六四）年の馬関戦争で、彦島を租借したい、というイギリスの申し出を断った高杉晋作もすごいよね。

宮崎　イギリスの軍艦の上で租借の要求を突きつけられた時、これだけは譲れない、どうしてもということならもう一度戦争をしようと言ったとか。

高山　幕末の外交を語るとしたら、やはりペリー来航を取り上げておかなければならない。ペリーには文化の香りはない。いわゆるアメリカ人というか、野蛮剝き出し、英語のrudeという言葉は彼のためにあるような気がするね。

彼はインド洋回りでやってきて、だから最初に沖縄に着いた。軍艦を従えて那覇に入港すると、すぐ琉球王の王城、首里城を攻めて闖入《ちんにゅう》した。それで琉球はもう米国領にしたと思っていた。その証拠が石垣島への出兵という軍事行動だ。

その前年、支那人苦力《クーリー》四〇〇人を乗せた米国奴隷船ロバートバウン号で、積み荷の苦力《クーリー》が暴動を起こした。

当時、米国人は澳門《おうもん》（マカオ）や上海で支那人に酒を飲ませて船に連れ込んで、奴隷というか苦力に叩き売る商売をしていた。

英語の字引に「shanghai」という動詞があって、そうやってヒトを攫《さら》うという意味になっている。ツナミと同じくらい人口に膾炙《かいしゃ》していったということだ。

そうやって攫った苦力を、もう逃げられない洋上に出てからあらためて甲板に引き出して、身体検査をする。病人や障碍者はこの段階ではねられる。

つまり海に捨てられる。海ではアメリカ船が来ると鮫が待っているといわれた。そんな暴虐を目の前でやられて、さすがの苦力も暴れ出した。白人船長やオフィサーを皆殺しにし、船を乗っ取って国に帰ろうとしたけれど、石垣島の沖で座礁し、苦力は島に逃げ込んだ。

それを知ってペリーは軍艦サラトガを派遣して石垣島を砲撃し、上陸して逃げ込んだ苦力を探し出し、一〇〇人くらいをその場で処刑した。残りは島民がかくまっていて、サラトガが帰ったあと、薩摩藩を通して支那に送り返した。清からはそれに対する感謝状が届いている。

ペリーはこの騒動のあと小笠原諸島を測量して米国領と宣言し、そのあと浦賀にやってくる。

彼は二旒《にりゅう》の白旗を持ってきたと藤岡信勝氏の『教科書が教えない歴史』（扶桑社）にあるけれど、この行動を見ても日本属領化の気分で来ていたのは間違いない。


宮崎　ペリーが浦賀に来るまでの狼藉《ろうぜき》はあまり知られていません。

ペリーの艦隊は、驚くほど正確かつ精度の高い日本の情報を仕入れていた。それはマクファーレンという英国人歴史家が直前に本を出していることによります。さすがに「情報の国」イギリスの調査力のすごさを象徴する内容の本です。

ペリー提督が日本へ向けて遠征航海に出ようとしていた。ペリーの野望はいまさら説明するまでもないことですが、支那との交易のため、日本を中継の拠点化すること。鯨油というのは口実でしたね。

で、ペリーが出航する四か月前に、この本（『日本　1852』、草思社文庫）がニューヨークで出版された。驚くほど正確でしかも洞察に富む日本の紹介であるばかりか、この本こそがペリーに、日本に関する大いなる刺戟と前知識を植え込んだのですね。

ペリー艦隊は大西洋を南下し、喜望峰を回ってインド洋からマラッカ海峡、そしてマカオ、沖縄、小笠原を経て、下田に入った。その長い航海中に、ペリーはこの本を何回も読み、日本人とはどのような思考体系、礼儀作法を持つかを頭にたたき込んだ。

特に日本政治の二重の権力体制、礼節を重んじ、神道を信仰し、教養の高い民族であって、支那人とは正反対であることなどを、ペリーは事前の常識として知りつくしていた。そのうえで徳川幕府との交渉に臨んだのです。

この本は渡辺惣樹氏によって翻訳され、二〇一六年に文庫本になりました。

私はこの本を読んで永年わからなかった謎がいくつか解けた。そのうちの一つが「鎖国は賢明な外交政策だった」のところで一度話をしたけれど、三浦按針こと英国人ウィリアム・アダムスのことだ。アダムスは豊後に漂着し、大坂へ回送され、牢獄に入れられるが、十数回も家康に直々に呼ばれ、その家康の好奇心の悉《ことごと》くにアダムスは回答できた。天文学、航海術、世界地図、アジア情勢、カソリックとプロテスタントの対立、ポルトガルとスペインがなぜいがみ合うのか、オランダの興隆の謎などを聞きただした。また西洋の幾何、数学に関してもアダムスの知識は豊かで、家康は得がたい人物、国際情報のアンテナを得たわけです。

家康に重宝されたアダムスは国際情勢の顧問役であったばかりか、航海術士として造船も命じられ、最後には平戸の商館をまかされる、という流れになります。望郷の念深きアダムスが英国の妻子へ書き送った手紙まで紹介している。マクファーレンは、どうやってそれを手に入れたのでしょうか。

またキリスト教徒の反乱（「天草の乱」）も、かなり正確に、しかし外国人の目を通して外国に伝えていたことがわかります。ですから吉田松陰がなぜ平戸に留学したのかと言えば、平戸には古今東西の名書、古典がそろっていた。吉田松陰が逗留した紙屋という旅籠から、歩いて五分もかからないところに三浦按針邸跡があったのです。

家康は英国に対してのみ、平戸での交易を許可した。しかも英国からの商品は無関税という特権を得ていたのですが、「日本の港に到着した船はすべて平戸に回航することを命じられ、交易はこの港に限られる（中略）。日本に持ち込む商品の選択がイギリスでいい加減になされたらしい。日本での需要がほとんど見込めないものばかりで、平戸商館の商売は結局利益が出せないでいた」。かくして英国側が日本での交易を途中であきらめたということになり、平戸は急速に寂《さび》れます。

著者のマクファーレンは日本に来たことがない。しかし長崎出島に暮らしたオランダ人や、ポルトガル、スペインの宣教師や、商人等の資料をこまめに集め、書簡にも目を通し、シーボルトの日誌や資料にもあたり、総合的な分析チームの主任のように、日本を徹底して分析してみせたんですね。

それまでおざなりに異国譚としてエキゾティックに語られ、珍しがられたマルコ・ポーロの大風呂敷は吹き飛び、科学的客観性が要求される時代になっていた。だから日本では女性の地位が驚くほど高いことに注目し、また民族的にはモンゴル系で支那人とは決定的に異なると断定している。

「日本人は、まさに最高に洗練されたタタール人である」とマクファーレンは日本人を定義し、「日本人は漢人より強靭で勇敢な民族である」としたうえ、「身のこなしかたがすばやく敏捷で行動が大胆である」と述べている。

他方、支那人はと言えば「戦いを回避する傾向が強く、臆病なところがある。おとなしくさせるのは簡単だが、小ずるく、疑い深く強欲で、すぐに賄賂が横行し、高利貸しなどに手を染める」と。

この日本人と漢人との民族性の差違はいまもまったく変わらない。しかし、かくも鋭敏で正確で洞察力に富んだ分析がペリー来航前にアメリカでなされていたこと自体、驚嘆すべきことですよ。

高山　そういう経緯のもと、英仏米蘭というアジアを植民地化した悪の権化みたいな四か国が、ペリーの和親条約を機に日本に乗り込み、好き放題を始めた。

前にも触れたけれど、長州はのさばる欧米国家に対し尊王攘夷、外国船打ち払いをやった。関門海峡の通過を禁じた。勝手に近づく船に砲撃も加えた。それで四か国が軍艦一七隻を出して長州の砲台と撃ちあった。世に言う馬関戦争だ。

だけど戦争なんて言えるシロモノではなかった。英国は一一〇ポンド砲を備えた三〇〇〇トン級の軍艦九隻、フランスが二〇〇〇トン級三隻、オランダが同じ大きさのコルベット級四隻の計一六隻を出した。米国は前にも言ったように、六〇〇トンの商船にほとんどおもちゃの三〇ポンド砲を一門くくりつけて参加した。砲戦は大人と子供の喧嘩のようなもので、長州がコテンパンにやられるのは目に見えていた。

日本人はフェートン号で英国人の下品さを知った。そしてその見識で米国の野蛮さ、小ずるさも推測できた。

しかしそうした徳川幕府時代の知恵を明治維新政府は十分生かし切れなかった。こういう外国に関する情報を大切にしない、引き継いでいかなかったことが日本外交の弱みではないかな。

第二部

明治維新から大東亜戦争まで

1 マリア・ルス号事件に国際法で戦った榎本武揚

高山　明治維新政府になって、日本が最初に受けた外交試練がマリア・ルス号事件だった。マリア・ルス号はペルー船籍の奴隷船で、たくさんの米国、南米向けの中国人苦力を乗せていた。その船が明治五年、つまり一八七二年に横浜港に修理で入港した。この時、苦力の一人が逃げ出して、イギリス軍艦が拾い上げた。

イギリスはマリア・ルス号を奴隷船と判断して、日本政府に通告した。当時の外務卿の副島種臣が、人道の問題だとして救助を命じ、苦力を救出した。ペルーと荷受けの米商社は第三世界の小国が何を生意気を言うかと、国際裁判を言い出した。ロシア皇帝アレクサンドル二世がこの国際仲裁裁判を受けることになった。そこで、榎本武揚が日本代表として裁判に臨んで、見事に勝った。ロシア皇帝も偉かったが、日本も偉かった。

副島種臣は佐賀藩ですよ。長州の足軽、小者連中が幅をきかす明治政府は尻込みしたが、さすがは佐賀の侍だった。きちんと筋を通した。この裁判の真の訴え人は、アメリカの商社、ラッセル商会だ。米国商社が苦力を買って、それをペルーに運ぶ途中だった。それでペルーの船主とアメリカの奴隷仲買人の商社が日本を訴えたわけ。他人の商品を勝手に取り上げて、とんでもないというのが言い分だった。その頃、こんな国際法廷があったことにも驚くけど、榎本の国際法にのっとった主張も立派だった。

宮崎　この時代に、欧米の国際法がわかる人がいたというのはすごい。

榎本武揚は、福沢諭吉が攻撃してやまなかった人物ですが、たいした男です。安部公房も彼をモデルにした小説を書きました。

北海道に共和国をつくると言って、新政府に反抗する。榎本は共和国の憲法もつくっている。普通の国ならこれはもう反乱ですから斬首ですよ。ところが国際法に関する『国際海津全書』という分厚い本を持っていて、これをなくしてはならないと新政府側の黒田清隆に渡す。そして監獄に四年ぐらい入って出てくる。

出所してきたらいきなり外交官に抜擢されて、それからまた大活躍する。まさに波乱万丈の人生。対照的に、徳川への忠義という美意識に殉じて散ったのが土方歳三でした。

高山　当時は、ロシア皇帝も立派だった。奴隷は違法だという日本の言い分を一〇〇パーセント認めた。日本も日本で奴隷をやっている米国の実情に遠慮しないで、世界に向かって正論を吐いて見せた。これもすごいよね。

宮崎　いま榎本武揚のことが出たので脱線すると、戦後誤解された最たる歴史的人物の一人が福沢諭吉です。戦後の福沢諭吉像は、左翼思想の蔓延によって歴史観がたっぷりとおかされたため、歪んで評価されてきました。

論考の一部分を突出させ、重箱の隅をつつくような論評が多く、福沢を「西欧かぶれ」「商業主義者」と断じたわけですが、せいぜいが『学問のすゝめ』と『文明論之概略』くらいしか読んでいないからです。

『脱亜論』と『瘠我慢の記』はあまり重要視されていない。そればかりかこの二つの作品に対しては悪評が多く、時に福沢にはウルトラ右翼のレッテル貼りもなされたものです。

福沢は時の政府を筆法鋭く批判するメディアを創刊し、死の直前まで健筆をふるったが、一方で朝鮮独立分子を支援し、留学生を自宅で扶養し、あげくには独立運動の闘士だった金玉均《きんぎょくきん》を匿《かくま》いました。「武士の魂魄《こんぱく》」を至高の価値として重視した稀な愛国者だったのです。

福沢の思想の基本は「武士は二君に仕えず」であり、そして一番重要なことはマーター

martyr（殉死、殉教）であると言っている（福沢は「マルチムドム」と書いた）。したがって西郷への哀惜は尋常ではなく、その反面で、武士道の風上にもおけないのが勝海舟と榎本武揚であると筆誅を加えた。激しい筆法、武士の憤怒の声が聞こえるほどの文章です。

福沢が尊き価値とした一つは自立自尊、すなわち「独立」でした。このため外国との不平等条約の撤廃もしくは改定なくして独立などあるか、という原則が出てくる。

これは今日の日本の状況とまるで同じで、日米安保条約という不平等条約、核拡散防止条約そのほか、こうした不条理を受け入れて恬《てん》として恥じない日本は果たして独立国家と言えるのか、という問題意識につながります。

福沢はこう書いています。

「今利害を別にして、人情を異にし、言語風俗、面色骨格に至るまでも相同じからざる、この万里外の外国人に対して権力の不均衡を想わざるものはそもそも亦何の由縁なるや。突突怪事というべし」

渡辺利夫『士魂　福澤諭吉の真実』（海竜社）は画期的な福沢諭吉論ですが、「国権そのものが外国によって暴力的に抑圧されかねない状況に、目下の日本は直面していないか」として、次の福沢の箴言《しんげん》を続けています。

「裡話に、さざえが殻中に収縮して愉快安堵なりと思い、その安心の最中にたちまち殻外の喧嘩異常なるを聞き、窃《ひそ》かに頭を伸ばして四方を窺えば、あに図らんや身はすでにその殻と共に魚市の俎上《そじょう》にありということであり、国は人民の殻なり。その維持保護を忘却して可ならんや」

まさに今日の日本の危機と同じ。アメリカの核の傘と在日米軍の存在に安心して、国家安全保障を他人に依拠し安堵している間に、南シナ海、尖閣は中国軍が侵略の牙を研ぎ、アメリカは撤退を始めようとしている。

この予言的な福沢の洞察は、恐ろしいほどに正鵠を射ていますよ。福沢は「忠君愛国」についてこう述べている。

「忠君愛国の文字は哲学流に解すれば純乎たる私情なれども、今日までの世界の事情においてはこれを称して美徳と言わざるを得ず、すなわち哲学の私情は立国の公道にして、この公道公徳の公認せらるるは、ただに一国のおいて然るのみならず、その国中に幾多の小区域ある時は、毎区かならず特色の利害に制せられ、外に対するの私を以て内の為にするのを公道と認めざるはなし」

この最後の箇所を渡辺利夫氏は「一国が衰退の危機に陥るような時期においては、死んでも国を護る気概をもつことが公道そのものなのだ」ということだとしています。

これは福沢の次の文章につながります。

「自国の衰退に際して、敵に対して固《もと》より勝算なき場合にても、千辛万苦、力のあらん限りを尽くし、いよいよ勝敗の極に至りて始めて和を講ずるか若しくは死を決するは立国の公道」

まさに大東亜戦争の特攻隊、硫黄島、三島由紀夫の諫死《かんし》。すべては、この発想につながるのです。

ところが、戦後「奇跡の復興」とか言われた経済をみても、米国の悪影響が拡大しています。いまの財界には石田梅岩《ばいがん》も、渋沢栄一もいない。

モラルは規則の押しつけだが道徳は美しい、日本に還れと言った出光佐三もいない。誰がいるか？

M&A（企業合併・買収）という強欲資本主義やデリバティブという詐欺まがいの金融商人に狂奔する浅ましい経営者、社外取締役などとアメリカの真似が、いつしか米国式ビジネスモデルの浸透を促して、日本的経営の美徳は死んだ。

ハイテクを導入する、応用する技術に長けた日本は、メーカーが競合するため安値競争を生んで、その価格競争力は人件費高騰で相殺されるから中韓台に移動してしまう。ようやく反省するに至った日本企業は「価格競争のない分野」、品質の良さとオンリーワンという分野を強化し、ハイテクの中枢を特化してきたため近年ようやくにして企業収益力が強まった。とは言っても、こうした米国モデルでは、日本経済の行き詰まりが見えてきてますよ。

2 五箇条の御誓文が明治をつくった

高山　明治で一番立派だったのは、明治天皇だと思う。それまでは薩長土肥のうちの薩長が明治政府を引っ張った。でも、それは側近政治であり、かつ、鹿鳴館の足軽政治だった。鹿鳴館は、官費で遊興のハシリだった。明治時代のノーパンしゃぶしゃぶです。不平等条約改正を口実に夜毎の酒宴、乱痴気騒ぎの体たらくに明治天皇が怒って「いい加減にせえ」と言った。明治維新にぴしっと背骨を通したのは明治天皇をおいてない。

明治天皇の背骨になったのが、「万機公論に決すべし」以下の五箇条の御誓文です。

一　廣ク會議ヲ興シ萬機公論ニ決スベシ
一　上下心ヲ一ニシテ盛ニ經綸ヲ行フベシ
一　官武一途庶民ニ至ル迄各其志ヲ遂ケ人心ヲシテ倦マサラシメン事ヲ要ス
一　舊來ノ陋習ヲ破リ天地ノ公道ニ基クベシ
一　知識ヲ世界ニ求メ大ニ皇基ヲ振起スベシ

明治天皇はこの五箇条を全部忠実に実行された。「広く知識を海外に求め」というので、お雇外国人を入れてどんどん知識を入れた。旧陋、たとえば不便な着物や草履、ちょん髷を一般市民にいたるまで積極的にやめていった。日本は五箇条の御誓文の意味をみんなが理解していた。最初の会議を興し万機公論に決する、つまり国会は側近政治を目論む長州に阻まれてきたが、それでも明治二十三年に開けた。

大事なのは二番目「上下心《じょうげ》を一にして」だ。そう読んだら、上島嘉郎が「『じょうげ』じゃなくて『しょうか』と読むんだ」と言っていた。

それはともかくその上下、民と天皇が一緒になったのが、実は日清戦争だった。天皇が自らの宮廷費から軍艦の建造費を出して、戦艦をつくらせた。役人も俸給の一割を出した。抵抗していた議会も納得した。いまの役人や政治家どもとはまったく逆です。

その時の予算の半分は軍備に、残りの半分は産業に回した。加藤康子《こうこ》さんが尽力されてユネスコの世界遺産に認定された「明治日本の産業革命遺産」というのは、その時についた産業予算でできたんです。産業をどんどん振興して、日露戦争のころには八幡製鉄から何から全部できるようになっていた。

あの時代に役人に向かって言えるのは、天皇しかいなかった。宮廷費を出しただけではだめなんです。役人にも天皇として命令していたわけだから、政治に見事に介入していたんです。

そうやって五箇条の御誓文を一つずつ積み上げていって、最後に残ったのが憲法体制だった。

宮崎　いまの新憲法を発布する時に、昭和天皇は詔に五箇条の御誓文を入れているはずです。憲法改正といっても、五箇条の御誓文だけ残せばいいんですよ。ここが近代国家日本の出発点なんだから、ここに帰らないとだめです。

高山　出発点だものね。

宮崎　そうです。十七条憲法に帰ってもいいんだけれど、あれは仏教を国教としているから、そこは抜かなければいけない。

高山　明治天皇の存在意味が一番よくわかるのは、明治天皇が亡くなった時に各国がわーっと弔問にやってきて、「大名君だ」と言っているということです。それを一番よく知っていたのはマッカーサーです。なぜならマッカーサーは日本をぶち壊す押しつけ憲法をわざわざ明治節にぶつけてきた。明治天皇の誕生日に新憲法を発布させた。

宮崎　一一月三日に発布、施行が五月三日です。

高山　一一月三日は明治節、明治の日だったのを「文化の日」と名付けた。日本には文化がなかったと黒人奴隷をやってきた米国人がよくいったものだ。そんな悪意のダブルみたいな「文化の日」を明治の日に戻そうという運動が広がっている。こちらも微力ながら協力しています。

宮崎　やってはいるけれども、本当に歴史認識が死んでしまっているから、マッカーサーが知っていたことを、いまの日本人は知らない。

3 朝鮮半島の混乱に引きずり込まれた日清戦争

宮崎 日清戦争が避けられなかった時代背景、理由については高山さんにお任せするとして、その前史として触れておくべきは、西郷隆盛の「征韓論」です。これは避けられなかった。なぜ西郷さんが征韓論を主張しなければいけなかったのかと言えば、爾後《じご》の戦争責任も同様に、すべては朝鮮王朝の優柔不断と事大主義であり、これに日本が振り回されたことでしょう。

西郷は明治国家の青写真を描いたわけではなく、維新後の国家のありかたというビッグピクチャーを描いていたのは木戸孝允と大久保利通です。明治六年政変とは、征韓論をめぐる日本国内の政争だけど、直接絡むのは朝鮮半島の情勢なのです。西郷は道義国家をつくろうとし、文明開化には批判的だった。

彼が最も重視したのが道徳、忠義、大義。乱れた世の荒廃を立て直すのが先決であるとし、礼儀を知らない朝鮮には自らが非武装で乗り込んで、誠心誠意説き伏せると主張した。西郷に朝鮮半島を挑発するような行為に出られては困ると、岩倉具視や大久保利通らは反対に回る。

高山　この時の大久保らの反対は権力争いの臭いがあるね。いったん西郷の遣韓が決まっていたのに、欧米視察から帰ってきたばかりの大久保や岩倉が反対して、実行できなくなる。これに抗議して、西郷隆盛、板垣退助、江藤新平らが辞める。長州の足軽たちにすれば、嫌いな薩摩や肥前の武士たちを追い出すことができたわけだ。

宮崎　西郷は戦争をするために韓国に行こうと言ったのではない。もし、この遣韓が実現して、当時の朝鮮王朝を動かしていた大院君《だいいんくん》と二人で腹を割って話していたら、その後の日韓関係は案外違ったものになっていたかもしれない。

高山　でも韓国は国のつくりが違うからね。

宮崎　だけど、できたばかりの新政府がその維新最大の功労者だった西郷隆盛を追い出したのは痛いよね。

高山　確かにね。明治政府自身が、まともな指導者によってできたものじゃなかった。薩長土肥とは言いながら、実際は長州が政権を握った。長州といっても奇兵隊が中心だった。

武士階級ではない足軽や小者上がりだから、ろくな者がいなかった。残りの土佐、肥前、薩摩は早々と追われた。特に肥前の江藤新平たちは、明治六年政変で大方が追放されてしまった。

宮崎　私の母方は佐賀県出身なので肥前藩士のくやしさはよくわかりますよ。

高山　江藤は、司法卿として司法制度の整備に力を入れていて、特に政治家の汚職は徹底して調査した。それによって、井上聞多と山県有朋を摘発した。先ほど話したけれど、ペルーの奴隷船マリア・ルス号事件も摘発した。あれを最初に摘発したのは江藤新平だった。江藤は曲がったことが嫌いなんだ。汚職をやった井上聞多も山県有朋も「お前ら奇兵隊の足軽どもはろくなことをしない」と言って、さんざん叩いた。

しかし、こうした武士たちは結局は追い出されて、長州勢が生き残った。武士と足軽の生命力の違いだったのだろう。

明治政府で伊藤博文たちが考えていたのは、ルイ十四世、十五世のころのリシュリューとかの、重臣政治だよね。天皇陛下について側近政治をやる。だから民選議院づくりも、ずっと消極的だった。

宮崎　宮廷政治に陥ったわけです。

高山　そして韓国も宮廷政治。

宮崎　だけど同じ宮廷政治でも国柄が違う。幕末の頃、朝鮮半島では何が起きていたのかと言えば、李氏が支配する朝鮮では「両班《ヤンパン》」なるエリートだけがえらく、国民は奴隷同然、労働に貴族はタッチしない前近代王朝だったわけだ。鎖国から開国に向かう日本は、列強の牙を見抜き、果敢な外交戦を展開して切り抜けてきた。対照的に李氏朝鮮は、鎖国を守り抜こうとして路線を誤り、「宗主国」の清に頼りきった。ロシア・英国が対馬を一時占領し、半島への進出機会を狙っていた。日本が米英の後押しもあって朝鮮に「開国」を迫り、宗主国の清と交渉した。いまの世界情勢とあまりにも酷似しています。

　大国（中国）に胡麻をすり、日米との離間を謀る韓国、ロシアに近づく北朝鮮。自立自尊の主体性が何もない民族のＤＮＡかもしれない。最近でも韓国は竹島を占領しナショナリズムの象徴とし、産経記者を人質として拘束する非道な行動をとった。

高山　一八八四（明治十七）年、金玉均らが革命（甲申事変）を起こして、朝鮮近代化を図ろうとするわけだが、それを当時の李朝を動かしてきた閔妃《びんひ》が清国軍を使って、金玉均らの革命をつぶす。この時の清の軍の指揮官が袁世凱《えんせいがい》だよね。

宮崎　韓国ではその後、一八九四（明治二十七）年、東学党《とうがくとう》の乱が起こるのですが、この時も清の軍隊、袁世凱に頼んで乱を鎮圧する。李朝は王朝の存続のみ考えて、国民のことを考えない。そして、近くの強い国に阿《おもね》る。強くなってきたロシアにも阿る。日本としては韓国に独立した強い国になってほしい。けれど李朝はそうならない。

高山　だから、まずは清から独立してもらわなければならない。日本は東学党の乱を好機ととらえて出兵し、それを足場に清との戦いに持ち込んだ。ある意味、仕掛けた。それが日清戦争だ。

宮崎　結局、「国家」とは何かという認識の大いなる齟齬《そご》でしょう。彼らにとっての国家とは自らの利権メカニズム、支配機構でしかない。国家という組織、機関の重要性が近代化の柱なのに、ちっとも関心がない。末端の庶民の幸せをまったく考えていないわけですから。

田中英道『天平に華咲く「古典文化」』（ミネルヴァ書房）は次の指摘をしています。

「『国家』の問題を出すと、必ず左翼の歴史家たちは、それが『国民国家』として『近代』にしか存在しないとする（中略）しかしその考え方が誤りであることは、日本のような、古い島国の例を挙げれば明らかである」

従来、日本の戦後論壇でも「国家」イコール「悪」という意味で論じられてきた。「国家」を肯定するのは右翼と攻撃されたが、田中氏はこう反論する。

「『国家』と言えば悪い意味での『権力』機構ととらえ、打倒の対象であるかのように否定した社会主義の理論は、ソ連や中共の成立で完全に崩壊してしまった。ソ連や中共がナショナリズムの『国家』として、ドイツ・ナチ『国家』よりもひどい全体主義国家であったことは明らかである。そのような一党独裁の全体主義の『国家体制』からは、決して価値ある文化は生まれない」

日本には古来より『古事記』や『日本書紀』が成立し、世界初の恋愛小説『源氏物語』が生まれ、そして世界史初の憲法が聖徳太子によって制定された。「聖徳太子の『十七条憲法』の最初の三条に示される事柄は、共同体のあり方、個人のあり方、そして日本の政治のあり方を論じている。『近代法』のように市民革命を経て、市民の権利や自由を法律化したものではなく、人間の自然のあり方から発して、その陥りやすい欠陥を克服しながら、運営していく方向を示している」

十七条憲法については「日本人の国家観の基礎となる神道の精神が脈打っている。神々が自然のなかに生き、祖霊の神々の中に生きている。それに向かって天皇が祭祀《さいし》を行い、それによって国土が守られると詔《みことのり》をしたものである。一方で仏教を取り入れ、個人の信仰としてこれを奨励し、他方、天皇がこのように神道の祭祀を続けられる姿こそ、まさに日本の国家観の基礎を形づくる」（以上、田中前掲書）

李氏朝鮮には、そういう国家観がまったく存在しなかったのです。おりから保守論壇では憲法改正議論が沸騰していますけれど、このような原点に立ち返って改憲のあり方を熟慮しなおすべきではないかと思います。

4 日清戦争における日本の立派な戦い方がアメリカを嫉妬させた

高山　日清戦争の話題に入るけれど、まずは、エミール・ベルタンの話。フランス人のお雇い外国人だが、これが屑だった。日清戦争の始まるに至る少し前に、当時としては最大級八〇〇〇トン級の支那の戦艦「定遠《ていえん》」と「鎮遠《ちんえん》」が日本に来た。ペリーと同じように威を張って東京湾に入り込んできた。ペリーよりもっと日本をなめ切って、日本海軍の基地、江田島にも行っている。その時でしょう、ふんどしを大砲に引っかけて干していた。東郷平八郎がそれを見て「あいつら大したことない」と言ったという話ですね。

宮崎　それで、ベルタンという人物は？

高山　日本は、「定遠」「鎮遠」に対抗する船をつくらねば国が滅ぼされる、という切迫した危機感を持っていた。国力を傾注して戦艦をつくろうとした。

　しかし全国力を傾けてもせいぜい四〇〇〇トン級の海防艦しかできない。「定遠」「鎮遠」の半分のサイズだ。でも、機動性と破壊力があれば四〇〇〇トン級でも勝機があるかもしれない。その要求を満たすことを条件に四隻を、フランス建艦技官エミール・ベルタンに発注した。うち二艦は日本のドックで建艦するという約束だった。ベルタンは当時の一流建艦技術をもっているという触れ込みで、彼にものすごい金を払った。ところが、いざつくらせたら八〇〇〇トン級がつける大口径三〇センチ砲を四〇〇〇トン級に載っけた。極端な頭でっかちで、実際にこれを撃つと船が揺動して使い物にならなかった。それだけでもみんな首を捻ったのに、二隻目はその巨砲を後ろ向きにつけたんだね。何だこれは、敵と会ったらUターンしてケツから突っ込むつもりかと言葉を失った。これはだめだと日本の建艦技師、佐双《さそう》左仲《さちゅう》が「もうやめさせろ」と進言した。しかし三隻はかなりでき上がっていて結局、砲が後ろ向きの四隻目をキャンセルした。

こんな愚にもつかない半端艦を主力艦隊にしなければならない日本側は大ピンチだった。でも、そこは武士の国というか、このベルタンの名誉まで守ってやった。

それは、最初から三隻を発注してたんだよというふうに装って、日本三景の「松島」「厳島」「橋立」と名づけた。実は四隻、もう一隻後ろ向きがつくられるはずだったことを歴史の中に仕舞いこんでしまった。

宮崎　俗に三景艦というのは船の固有名詞じゃなくて、三つの景色が出典ですか？

高山　そうそう。日本三景の三景からという意味なの。だから厳島、松島、橋立。だけどもしかしたら、三輪車に自動砲を載っけるような愚かな設計の軍艦のために、日本が中国に負けていたかもしれない。危うさはまぎれもなくあった。

宮崎　要するに、日清戦争はなぜ勝てたかというのは、「定遠」「鎮遠」を向こうは持ってたんだけど、まず動かし方を十分に訓練していない。二つ目は、清軍の高官らが砲弾を売り払っていたのです。

軍は汚職して砲弾を全部売り払っちゃった。修理工場に行ったらもぬけの殻で、機械はすべてスクラップ業者に売っていた。

それで初めから戦闘態勢になっていないんですね。だから日本の三景艦でも勝てた。

劉公島《りゅうこうとう》というのは威海衛《いかいえい》の沖合にあって、私も行きましたけどね。北洋艦隊の拠点でした。艦長は何をしていたかというと、あそこに豪邸を建てて妾と住んでいた。下士官は何をしていたか。あの小さな島に七〇軒、女郎屋があって、みんなそこにいたらしい。砲身には洗濯物が干してある。これって、戦争ではないでしょう、この二つの最新鋭艦は。

高山　だけど、「定遠」「鎮遠」が、少なくとも日本に倍する砲を持っていて、やっぱりダンプと軽乗用車ぐらいの差はあった。それに勝てたというのは本当に僥倖《ぎょうこう》だった。このベルタンの罪は非常に重い。だけど、この馬鹿のおかげで危うく負けそうになったということを、日本は言わなかった。それが外交上、語るべきか否かはわからないけど。

宮崎　正しく伝えなきゃいけないことです。

高山　そうそう。この事実はね。本当に愚か。これを諫めた佐双左仲は金沢藩士の出で、政府も彼の正しい判断を評価し、戦争が終わったあとに勲一等を与え、佐双家を男爵に取り立てている。ベルタンがいる時にそれはやらなかった。

日清戦争で勝った時は、ちゃんと海軍側からベルタンに「ありがとうございます、いい船でした」とお世辞も言ってる。この辺が日本の外ヅラの良さだけれども、意味はまったくない。こういう思いやりを外交の中に入れているというのは、悪い例の一つじゃないかと思う。傲慢な白人国家には通じない。

宮崎　なめられてるから。日清戦争の劈頭《へきとう》に東郷平八郎の「浪速」が支那兵を満載した高《こう》陞《しょう》号を撃沈しています。ハワイに行って、ハワイを乗っ取ったドールを脅しあげて、戻ってきてその足で出張って高陞号を沈めたわけだ。

高陞号撃沈問題は「英国旗を掲げた船を沈めた」と英国政府が騒ぎ立てて賠償まで要求してきた。足軽上がりの伊藤博文は震え上がった。もともと戦争反対だったのだから、さあどうする、海軍は責任を取れ、東郷が悪いと騒ぎ立てたが、著名な英国の法学者がタイムズ紙上で、戦時下、敵の兵を満載した船に停船を命じるのは正しいし、命令に従わなければ撃沈も当然、東郷平八郎の処置は正しいと書いた。英国側は日本非難をやめた。

高山　理に適えば、納得する。さすが英国は大国だ。しかしこの戦争では足軽みたいな国も出てくる。アメリカだよ。日本は朝鮮での陸戦を通して初めて残忍な支那人の姿を知った。有史以来、陸上で支那人と戦ったのは初めてだからね。支那人はだいたい捕虜を取らない。捕まえたら惨《むご》い殺し方をする。耳を削ぎ、鼻を削ぎ、目を抉《えぐ》り、性器を切断し、手足を切り落とす。行く先々で戦友の手足が軒先にぶら下げられ、心臓を抉った後に石を詰め込まれた遺体が、そこここに放置されている。

宮崎　第一軍司令官の山県有朋は漢城を落とした後、訓告を出しています。「支那人は古より残忍の性を有す。もし生擒《せいきん》（生け捕り）に遭わば必ず残虐にして死に勝る苦痛を受け、ついには野蛮惨毒の所為をもって殺害せらるるは必定。決して生擒するところとなるべからず。むしろ潔く一死を遂げ、以って日本男児の名誉をまっとうすべし」という一文です。後に「捕虜となるより死ね」という戦陣訓がここから生まれるのですが、戦陣訓については日本軍に対する悪意ある解釈ができている。大陸で戦った支那人は実際、日清戦争当時と少しも変わらないし、その残虐さは文革でも衰えていなかった。

高山　有朋の訓示が出て間もなく、日本軍は旅順の要塞に辿りつく。その十年後の日露戦争ではロシア軍によって屍の山を築かされるが、この時はまだ支那軍が相手。一日で落としてしまった。

そして要塞の向こう、旅順港の市街に攻め入り、残敵を掃討する。家々の軒先には惨毒をもって殺害された僚友の手足がぶら下げられていたが、「日本軍は投降する支那兵に怒りを抑えてまともに対応した」とフランスの特派員が書いている。

しかし、そこに足軽米国が出てくる。ピューリッツァーのニューヨーク・ワールド紙の記者ジェームズ・クリールマンが「無防備の住民を報復に殺しまくった」「命乞いする老人を殺した」「浅瀬を逃げる子どもたちを撃ち殺した」「六万人は殺した」と旅順大虐殺という捏造記事を書き放題に書いた。

イエローペーパーだから、それくらいはいつも書き飛ばしていたのでしょう。アメリカではその三十年前にコロラドでシャイアン族の女子供を虐殺したサンドクリーク事件というのがあった。面白いことに、彼が描く殺戮の情景は、現場を目撃したロバート・ベントが証言した内容と、そっくり同じなんだ。

自分たちは黒人奴隷を使い、苦力を使い、インディアンをぶっ殺して略奪をしてきた。金鉱が見つかればインディアンの居留地でも平気で襲って皆殺しにした。クリールマンは日本人もアメリカ人と同じで、きっとこんなことをやったに違いないと思って自分たちがやってきたことをそのまま書いたのだろう。アメリカ人の素性が出ている記事だ。

宮崎　中国人の苦力を入れて、用がすんだらダイナマイトでぶっ殺した。『ザ・レイプ・オブ南京』を書いたアイリス・チャンが二作目にこの話を書いたら、突然、アメリカのジャーナリズムがいっせいにアイリス・チャンを責めた。そのために彼女は拳銃自殺をすることになる。

高山　ただ当時はそんな白人の残虐性など、日本人は知らない。「白人特派員が書いた」

というので政府は大騒ぎになって、おろおろ言い訳に走り回る。白人は別に神様じゃあない。嘘はつく、民度は低いとなぜ思わないのか。お前らが間違っていると東郷平八郎のように突っぱねられないのか。これが後の南京大虐殺捏造の雛形になったような気もする。

この時は幸いなことに、高陞号の時と同じように、いい白人が出てきた。ベルギーの駐日公使アルベール・ダネタンが「日本人はそんなことはしない」とフランス観戦武官らを訪ね歩いて、下品な米国紙の記事は嘘だと外に向かって広報してくれた。

宮崎　しかしいまでもウィキペディア（ネット上の百科事典だが左翼の書き込みが多い）には公然と旅順大虐殺が載っている。これも戦後史観支持者の仕業かな。いずれにしろ、日本人はこうやって降りかかる火の粉を自分で払う外交能力はなかった。だれか白人お助けマンがいないとお手上げと言っていいかもしれない。いまならさしずめケント・ギルバート氏とかヘンリー・スコット・ストークス氏か。

高山　その通り。ただ外交の一手段である戦争だけは、はっきりしている。勝てばいい。そういう外交には強かった。そしてこの日清戦争でも日本は勝った。これで一番びっくりしたのが足軽下人国家のアメリカだったのではないか。

それまではアメリカの対日感情はよかった。ジョナサン・スウィフトの『ガリヴァー旅行記』に日本が出てきます。天空の国ラピュタから下りてきて、その後いくつか島をめぐってから、ガリヴァーは日本の江戸へ着く。スウィフトがガリヴァーを書いた一八世紀には、天空の国ラピュタと日本が同列で描かれている。そういう神秘の国をペリー提督が開国したというので、アメリカは特別の親近感を日本に持っていた。ヘンな言い方だが、可愛いペットくらいに思っていたフシがある。

しかもニューオリンズの万博などで日本の生真面目なほどの精緻な美術品や工芸品が世界の耳目を奪った。このミステリアスな芸術者の国、日本はアメリカが世界に紹介したのだと日本のことを自慢気にベタぼめにしている。英文学者の亀井俊介さんの本に当時のアメリカが日本を好感していた事例がたくさん出てきます。面白いのは新聞にも、「中国も日本も奇異だけれど、中国のはただ気持ち悪いだけの奇異だ」というようなことが書かれている。

ところが、そうしたアメリカの論調が、日清戦争でがらっと変わってしまう。アメリカは日本が支那に勝てるはずはないと思っていた。海軍次官だったセオドア・ルーズベルトが日本のまさかの日清戦争の勝利に驚く。

彼はアルフレッド・マハンに手紙を書き、「日本が日清戦争の賠償金で買った二隻の戦艦が日本に着く前にハワイを併合し、ニカラグア運河をつくり、大西洋と太平洋に大艦隊を浮かべたい」と。そして明確に「日本は脅威だ」と手紙を結んでいる。

宮崎　それが一九〇七年にセオドア・ルーズベルトがアメリカの海軍力を誇示するために、ホワイトフリートを派遣して世界を一周させることにつながった。

ちょっと脱線しますが、当時のアメリカはやっぱりニカラグア運河を優先して考えていたのですね。後日、パナマ運河に切り替え、コロンビアを騙してパナマを独立させるわけですが、百年後の今日、そのニカラグア運河を、あろうことか中国が建設すると言い出した。

工事はいったん始まったのですが、二〇一六年七月になって契約主体の香港の企業が資金繰りに行き詰まっていることがわかりました。中国主導のニカラグア運河は恐らく完成しないでしょう（笑）。

高山　次の日露戦争はさらに大きな衝撃を世界に与えた。日本がギリシャ時代からの戦争の仕方、海戦のやり方を変えたからです。

当時の艦艇は全部、衝角と言って船のへさきの前が飛び出していた。この衝角のことを「ラム」と言います。英国製の戦艦三笠にもラムがあった。それで敵艦の横腹にぶつける戦法だった。ところが日本海軍は、衝角をいっさい使わない海戦をやった。英国の観戦武官ペケナムがびっくりして本国に報告した。接近戦で副砲をたくさん使うのではなくて、遠方から主砲で相手を撃沈するという戦法に転換する。それでつくられたのが、イギリスの戦艦ドレッドノートだった。この艦がそれ以降の新型戦艦の基点になり、弩級《どきゅう》とか超弩級とかの表現が出てきますね。

宮崎　いわゆる大艦巨砲主義の始まりで、射程距離の長い砲弾で当てるアウトレンジ戦法になる。

高山　接近して多数搭載した副砲で当てるという戦法をやめて大口径の主砲を何本かにするというアイデアは、日本海海戦の連合艦隊の戦訓から出ているんです。さらに日本は陸上戦のやり方も変えてしまった。

欧米からすれば、ギリシャの昔から——下手をすると、もっと前からやっていた殺戮と略奪と強姦という戦争のやり方を根本から日本が変えてしまったことのショックが大きい。慈悲と寛容を兼ね備えて、しかも自分たちがやってきたのとはまったく違う戦法をとって圧勝する。その時から、「この国は滅ぼさなければいけない」というアメリカの対日恐怖感が形成されるわけです。

日米が戦争に至ったのは、昭和十六年の十一月まで日米ともに和平を望んでいたのに、一部のコミンテルンが短期間に戦争への道を演出したんだと言う人がいるけれど、コミンテルンがそれほどの力を持っていたわけではなかった。セオドア・ルーズベルトの時代から始まったジャパノフォビア（対日恐怖症）が、フランクリン・ルーズベルトの時にやっと結実したと見るべきです。

宮崎　いまもそれは潜在的にあるんじゃないのかな。米国が日本には絶対に核を持たせないのは、そこですよ。トランプはこの点でじつに異色です。

5 辛亥革命はいかにも中国的ないい加減な革命だった

高山　対日恐怖の起点になったのが日清戦争だと僕は思う。中国の習近平政権も日清戦争から一二〇周年になる二〇一四年に、日清戦争を取り上げていました。

宮崎　中国では甲午戦争と言います。威海衛の先にある劉公島に巨大な甲午戦争記念館があって、蠟人形で日清戦争を再現しています。ところが、中国が負けたとは書いていないんですね。

高山 それに関連して二つ面白い話があります。のちに辛亥革命の時に革命派のトップに担がれた黎元洪《れいげんこう》が、北洋艦隊の海軍軍人だった時に乗っていた「広甲」という船が日清戦争で日本軍に沈没させられる。黎元洪は海軍の上級将校なのに泳げなかった。そこで死んでいれば辛亥革命はできなかったという話が一つ。

もう一つは、黎元洪はその後、清国の軍人として武漢で革命派を処刑していた。そうしたら孫武がロシア租界でつくっていた爆弾が間違って爆発してしまった。そこで「すわ革命か」と色めき立った革命派が起こしたのが「武昌起義」です。

清国側だった黎元洪以下は革命が起きたと言って慌てて逃げた。逃げて隠れていたけれど、見つかって引っ張り出される。首を落とされるのかと思ったら、孫文はデンバーに外遊しているし、他に適当な頭目になる者がいなかった。そこで「黎元洪、おまえが司令官になれ」と言われて、きのうまで革命派を殺していたのが、今度は革命派のトップになる。本当に中国はいい加減です。

宮崎 というのも、価値基準の中にモラルというのがないから、できるんですよ。別にどっちでもいいんだから。

高山　宮崎正弘さんはだから辛亥でなく心外革命だと言ってましたが（笑）、その方が適切な命名でしょう。いずれにせよあのメンタリティーは、日本人には絶対にわからない。

宮崎　二重国籍がそうじゃないですか。中国共産党の幹部はみんな必ず子供たちは海外に逃がす。財産は外貨に換えて逃がす。それと同じ発想です。それで、口先では愛国と吠《ほ》えるのですよ。自分たちが生き延びる以外のことは、いっさい考えていないんです。

高山　命が惜しいからすぐに逃げ出すのが中国兵です。辛亥革命の時、実際に戦争をやったのはドイツと日本だった。日本は革命派について、ドイツが清朝派についたんです。後でも述べますが、そもそも西太后に一番取り入ったのはドイツです。電気事業から鉄道などの権益を西太后から譲渡されている。その縁で、いまでもドイツと中国は仲がいいんです。

宮崎　日本には列強の中でドイツが一番後れて来た。だから、スネル兄弟なんていうのは武器を売りそこなって会津若松まで来る。さらに、負けるとわかっているのに箱館戦争にも参加した。フランス軍の将校たちも五稜郭にいましたが、ドイツも行っているんです。

6 お雇い外国人ヘンリー・デニソンの裏切り

高山　日本はいろいろ他国からひどい目に遭いながら彼らのことを何も学ばず、いつも日本人の真っ正直な感性で対抗してきた。小村寿太郎の外交も同じ。支那人やアメリカ人のようには平気で嘘をつけない。そういう日本的感覚で真心外交をやっていればいつかは通じると思い込んでいた。そこが問題だね。

宮崎　そうですね。日本人同士で通じることを、そのまま国際的にも通用するだろうと思い込んでいるのです。それをいいように逆手《さかて》にとられて。中国、韓国に対しての謝罪なんてまさしくそうですよ。国内でやる時は日本人同士、お互いに気心知れているし、日本的価値観でやればいいんだけど、外国へ行く時は、我々はやっぱり人格を多重人格にしないとどうしようもないでしょう。

外交官のプロは、それを一番よく知っておかなきゃいけない。

高山　その例にヘンリー・デニソンを挙げてみたい。明治十三（一八八〇）年、外務省の法律顧問になって三十四年間、その職に居坐り続けたアメリカ人。お雇い外国人としては一番長く、明治から大正までいていまは青山墓地に眠っているけれど、根性は悪徳アメリカ人だった。格好だけで何のアドバイスもしていない。日清戦争の時も彼が仕切ったが、三国干渉が出されれば交渉もしないで、そのまま呑みましょうだ。それで、遼東半島から何から全部ただで返してしまった。

宮崎　ロシアがドイツ、フランスを誘って展開した傲慢な外交でした。

高山　そんなのを呑ませられた。

日露戦争の時も、小村寿太郎の右腕と称していて、最終的に一寸の領土も一銭の賠償金も取れなかった。大金を払っているのに、お雇い外国人としての役割を何もしていない。彼の功績を語る時に「不平等条約を解消した」という。しかし、それは嘘だ。

この男じゃなくて、ダーラム・スティーブンスという、これは伊藤博文と一緒に、朝鮮をどう処置するかを考えてくれた人物だ。元駐日米公使で退任後、日本に残って伊藤を助けた。朝鮮併合に反対で、朝鮮が日本の足手まといになるのを見越していて、距離を置いた保護国にすべきだ、と実務的な指南をした。その前後に、実は不平等条約の改正も全部、彼が伊藤博文のためにやっている。ヘンリー・デニソンとは好対照だ。

宮崎　三十年間も高い金を払い続けながら、日本の中枢に二重スパイを置いていたようなものですね。

高山　ポーツマス条約の時もデニソンは、セオドア・ルーズベルトとしょっちゅう会っている。日本のお雇い外国人で、小村寿太郎のために働くべき男がね。

そのルーズベルトとの裏交渉を含めてポーツマスのすべてを記したメモが、実は外務省に残っていた。それを幣原喜重郎《しではら》が見つけて、ある時、ヘンリー・デニソンのところに行って、「お師匠様、ポーツマス条約の経緯を詳細に綴ったあなたのメモが見つかりました。これは我々の外交の手引書にさせて下さい」って見せに行った。

ヘンリー・デニソンは、「ああ、そんなものがあったんだ。メモ書きです」と言って、あの交渉の裏舞台が綴られた文書を、そこにあったストーブの蓋を開けて中に放り込んで燃やしてしまった。幣原の見ている前で。そんなに重要な外交メモを幣原も真っ正直に持って行った。文字通り大馬鹿だ。外交の世界には狐やたぬきが飛び回っている。それがよくわかったはずだ。見つけたら、こっそり読んで日本の後輩のために保管しておくべきものだろう。

宮崎　日本人的外交官の典型だね。少なくともコピーを持参するべきだったでしょう。外交官は多重人格的でなければならないという外交センスがないからうっかりと持って行っちゃった。幣原喜重郎という人は、本当に奇妙なことばかりやっています。ところでデニソンが外交メモをストーブで燃やしたというのは、誰かそれを書いてるの。

高山　幣原が自分の自伝で書いている。

宮崎　結局、最後まで外交というのが何かわからないから、そういうことも平気で書いてしまう。それは自分の恥だという観念がないわけだ。

高山　ここで幣原喜重郎の問題を済ませておきましょう。幣原は第四期外交官試験に合格して、英語はよくできたようだけれども、典型的外交官試験組だね。外交官試験というのは、小村寿太郎も手伝ってできた制度で、明治二十七（一八九四）年に第一回が実施された。

外交官養成のための専門試験なのだけれど、どうも外交官の質はかえって落ちてしまった。ともかく幣原は最初から最後まで軟弱外交で通した。

あの当時、ヘンリー・デニソンがアメリカ側にいれば、日本側には幣原がいるという、もう実に日本外交の敗北みたいな構図だったわけだ。

あの一九二二年のワシントン海軍軍縮条約も幣原は日本代表をつとめた。それで、アメリカの思惑通りに命の綱の日英同盟を断ち切るのを了承したのが、この幣原なんだね。だから、およそ日本にとって最悪の外交官は、幣原に尽きるね。それが外交官試験のトップ合格だったんだからね。

幣原は挙句にはマッカーサーが押しつけた戦争放棄と交戦権の放棄を「私が言い出しました」と言っているんだ。救いようもない。

あれはマッカーサーがローマのスキピオを真似て日本を滅ぼすためにつくったものだ。何で、幣原がわざわざ日本製ですと言うのか。幣原の一生は最初から最後まで日本にアダなしてきた。天性の奸臣《かんしん》だった。

デニソンがメモを燃やしてしまったのも、日本的な感覚でデニソンが自己卑下して処分したと思い込んでいる。

宮崎　ああ、なるほど日本の役に立たなかったバカだね。試験秀才が必ずしも実務ができるわけではないという典型例だ。

高山　幣原には本当に日本は泣かされた。彼が出てくると、みんな暗転していくわけだよ。日本の運命がね。

7 立派だった日本の外交官――堀口九萬一と白鳥敏夫

高山　外交官試験に通った外交官には、ダメな外交官が多いけれど、いいのもいた。堀口九萬一《くまいち》という、堀口大學（詩人、仏文学者）の親父がその一人だね。

彼がメキシコ公使時代の大正二（一九一三）年にクーデターが起きて、軍がマデロ大統領を殺してしまった。

大統領夫人と子供たちが叛乱軍兵士に追われて間一髪のところで日本公使館に逃げ込んだ。

いま考えてみれば、文化大革命さなかの紅衛兵みたいな連中がわーっと来て、日本公使館を取り囲んでマデロ夫人と子供を引き渡せと騒いでいる。

そこに堀口九萬一が正面玄関から出ていって、何語で言ったか知らないけど、公使館の前に日章旗、日の丸を広げて、「お前ら、入りたかったらまず俺を撃ち殺してこの日章旗を踏んで入ってこい。日本と戦争する覚悟でかかってこい」と大音声で呼ばわった。クーデターの軍人たち、中にはモノの理非もわからない雑兵もいただろう。そんな荒くれものたちまでが、へへえって、退いてしまったというからすごいね。

九萬一は大統領の妻子たちの安全を保障しろとクーデター側の親玉とかけあい、銃口に囲まれながら、船を手配させてヨーロッパに逃がしてやった。そこまでやった日本人外交官がいた。

ついでに昭和六（一九三一）年、満洲国成立に絡んだ外交官の話もしますか。

あの時、男装の麗人、川島芳子の手引きで天津から逃げてきた溥儀《ふぎ》が皇帝に就く。ところが、日本が建国した満洲国をなかなか承認しない。

日本が承認したら、日本の傀儡国家だとアメリカの新聞が悪口を書こうと手ぐすねひいて待っている。しびれを切らした米国記者たちが、どうなんだ、いつ承認するんだとせっつく。

外務省の情報部長だった白鳥敏夫が答えた。「いや、別に運河を掘るつもりはないので、そう急いでいない」と。

これはどういうことかというと、一九〇二（明治三十五）年、セオドア・ルーズベルトが大統領になった時に、コロンビアのパナマ州で独立運動が起きた。アメリカが軍を送ってパナマを独立させた。米国はすぐに承認して、そのお礼ということで運河用地を取った。パナマの独立は米国の仕掛けで、パナマ運河を掘りたい一心で仕組んだ。白鳥はそのことを当てこすって、こちらはパナマと違って陰謀はない。だから急ぐ必要はない、と言った。

この話は上智大学の三輪公忠名誉教授から伺った。ただ三輪先生は「白鳥は実に不遜だ」と言うのよ。どうして不遜ですか、これだけ堂々と渡り合える外交官はいないんじゃないですかと言ったら、「あなた、新聞記者やっててそんなこと言うんですか」みたいなことを言われた。大学の先生というのは、どうしても日本は悪くないといけないと思っているみたいだった。

宮崎　その上智大の教授はアメリカの代理店みたいな人だったのですかね。

高山　この人は、日本が国際連盟を脱退した時に首席全権だった松岡洋右《ようすけ》の研究家ですよ。その関係で白鳥敏夫も研究されていた。そう言えば白鳥はクリスチャンなんだね。それから松岡もクリスチャン。

宮崎　だいたいパナマを横取りしたアメリカのやり方が汚い。完全に属国だよね、パナマはいまでも。

高山　運河が欲しい米国の私欲に振り回された小国の悲劇だ。ひどい話だ。だけど、そういう背景のあるパナマ運河の歴史を、ちゃんとこういう記者会見の場で当てこすった白鳥は、大したものだと思う。胸を張って日本国の正しさを主張している。向こうは新聞も政府も一体で非を鳴らすところもおもしろい。

それから小村寿太郎にまた戻りますが、日露戦争の時にニコライ二世が旅順の港で日本軍が開戦前に不意打ち攻撃をしたと、囂々《ごうごう》たる非難を浴びせてきた。

それに対して小村は「論評するに値しない」と一蹴した。いまでは相手の理解を求めるというのが、日本の外交姿勢だけど、それが「理解など必要ない。論評するにも値しない」と言った。ここだけは見習いたいね。

8 三国干渉を仕掛けたのはドイツ

宮崎　ここで三国干渉の問題ね。ドイツがここで非常に巧みに入ってくるわけでしょう。そして第二次世界大戦まで入ってきて。

高山　三国干渉はドイツが焚きつけたのか。焚きつけられたのはロシアだね。

宮崎　ロシアが主導してやったことだけど、ドイツとフランスが声かけてやったんでしょう。

高山　ヴィルヘルム二世が黄禍論だとか何とか焚きつけたんだよね。日清戦争に日本が勝ったあと、黄禍論が巻き起こる。ちっぽけな船で八〇〇〇トン級の装甲艦「定遠」をやっつけたんだからね。それに強い危惧を見せていたセオドア・ルーズベルトを含めて、欧米では「強い日本」への脅威論が出る。

発端は英国に留学した末松謙澄《けんちょう》。彼は留学先のロンドンで「源義経が落ち延びて大陸に渡り、ジンギスカンになった」という話を英語で書いて出版した。

おりからの日清戦争で近代化に成功した日本が、眠れる獅子・支那に勝利した。さらにそれで数億人の人口をもつ支那が目覚め、陸続と日本に支那の若者が留学し始めた。

ムッソリーニが後に言ったように「この東洋の二つの国が手を携えた時、彼らが世界のヘゲモニー（覇権）を取らないと誰が言い切れるのか」といった危機感が生まれた。これが十九世紀末から二十世紀初頭にかけて欧州に生まれた黄禍論だ。

これに対して伊藤博文は米国に金子堅太郎を、欧州に末松謙澄を派遣して、欧米の警戒心を拭い去ろうと試みた。その二人に託した口上が振るっている。

いわく「日本が進めている支那の近代化は決して黄禍に結びつかない。彼らに教育を施すことで結果的に支那の治安が安定し、ここを市場とする欧米諸国にとって歓迎すべき状況になる」と。

欧米が危惧する「黄禍」とは支那人よりむしろ日本を指しているということを全く認識として持っていなかった。日本人は。

日本人は自分のことを白人ではないけれど支那朝鮮を含むアジア人でもないと思っている。人種認識についてほとんど無頓着だった。その鈍感さがよく表れているエピソードだ。

その後、日本が日露戦争に勝つと、アメリカでは支那人と同じ枠に入れられ、移民排斥というまさかの差別に直面することになる。

昭和天皇はそうした白人優越主義、有色人種への差別に大きな怒りをにじませられたが、実際はその「人種」が歴史を転がし、歴史をつくってきた。

日本人は二十世紀に至るまで人種意識を持たなかった。日本人が国際情勢を、あるいは欧米諸国の動向を理解し得なかったのは、そういう無頓着さがあったと思う。

宮崎　どっちにしろ、そのドサクサに紛れ込んだのがドイツでね。阿羅健一さんの『日中戦争は中国の侵略で始まった』という本にこんなことが書いてあった――一九二四年、世界で革命を指揮していたボロディンが孫文の政治顧問になる。孫文が一九二四年につくった黄埔《こうほ》軍官学校ですけれどもね。蔣介石は校長、周恩来が政治部長だったけれども、軍事教練はソ連の教官が最初行っていた。二十年ほど前に見に行ったことがあります。

高山　教官団の顧問団長がソ連のブリュッヘル将軍。

宮崎　それがいつの間にやら、ドイツ人になったんですよね。

高山　えっ、ブリッヘルの後釜が？

宮崎　そうそう。そして軍閥には、張作霖《ちょうさくりん》が日本派であり、誰々がどこそこ派で、あいつがソ連派だとか、いろいろ区分けがあったんだけども、この各軍閥に外国人が顧問として関わっていた。袁世凱を支援したのはイギリスであり、呉佩孚《ごはいふ》を支援したのはイギリスとアメリカで、アメリカは孫伝芳《そんでんほう》も応援していた。ソ連は馮玉祥《ふうぎょくしょう》を応援し、日本は張作霖を支援した。ここにドイツがすーっと入ってきて、青島《チンタオ》以下、みんな租借したわけ。ところが第一次世界大戦でドイツは負けて、イギリスが今度は日本をけしかけて、日本はほぼ無血でドイツを追い出す。

ドイツの捕虜をみんな日本に持ってきたわけでしょう。そうしたら慈悲深き日本はドイツ人を虐待どころか、ものすごくいい待遇をした。彼らは自分たちで好きな料理をつくり、運動会もやっていた。第九交響曲を日本で最初に演奏したのは徳島県鳴門市の板東俘虜《ふりょ》収容所でしょう。戦争が終わって、あんたたちドイツへ帰れと言ったら、何人かが残りたいと言い出した。残った典型にはユーハイムがあります。このあたりの詳細は中村彰彦の直木賞受賞作『ふたつの山河』（文春文庫）に克明に書かれている。

高山　ロースハムのローマイヤとか、パン屋のフロインドリーブとかも残ったよね。

宮崎　そして、日支事変。これは支那事変が正しい呼び方だけど、事変の頃の中国軍の装備の大部分はドイツ製であり、中国軍の多数の将校はドイツ式訓練を受けていた。その軍事組織と防御施設は、すべてドイツ式を採り入れたものだった。もし中国がドイツ軍の方式・装備を採用した努力が国内に行き渡り、その効果が発揮できるための時間的余裕が、さらにあともう少し与えられていたと仮定したら、日本軍ははるかに強力な中国軍と対戦することになっていた。まあ、とにかくドイツというのも、なかなかこれはくせ者でね。日本人の思っているようなドイツ人の像じゃないですよ。いまのメルケルの巧妙な立ち回りを見ていても、前のシュレーダー首相のような、ムジナのような外交をやるでしょう。

高山　ファルケンハウゼンだっけ、ヒトラー暗殺計画に参加した。彼も後任の軍事顧問として中国に来ていた。だから第二次上海事変の時の支那軍は、ドイツ軍のヘルメットをかぶって、ドイツの制式銃を持って、それからこれもドイツ陸軍が採用していたチェコ機関銃を持っていた。その時、日本にはまともな機関銃がなかったからね。

宮崎　いまも事実上ないけど（苦笑）。

高山　ドイツと中国の縁は、西太后に始まっている。彼女の離宮、頤和園《いわえん》にドイツ人の技師が入って、彼女の居室に電気を引いて明かりを灯した。その明るさに西太后は感嘆して、すべての中国の電気事業をドイツに与えた。それが縁で、もうずっとドイツ、ドイツ、ドイツだった。ドイツはだから欧米の中では中国に一番最後に入ったのに、一番利権を取っていった。義和団の乱も発端になったのはドイツだった。

山東省でドイツの宣教師が大挙して入ってきて、それこそ道教の寺やなんかをみんなぶっ壊して、全部キリスト教の教会につくり直してしまった。それで支那人が騒ぎ出し、アンチキリスト教の暴動が始まったところに、義和団や……。

宮崎　新興宗教がたくさんできてきた。義和団の五〇年前の太平天国だって、新興宗教でしょ。カルト集団がいつの間にやら水ぶくれ、結局、五〇〇〇万人が犠牲になる内乱になった。

高山　そうそう。そんなのが混じって。最初はドイツの教会とドイツの神父、その信徒らが集中的にやられた。北京に来てもドイツの公使をまず引きずり出して、耳鼻を削いだうえにバラバラにして心臓取り出して食っちゃった。

宮崎　さぞうまかったでしょう（笑）。

高山　――という話がある。だからドイツは、中国と結構しがらみがある。

9 日英同盟が日露戦争の勝利をもたらした

宮崎　次は日露戦争（一九〇四〜〇五年）の問題ですが、日本がロシアとではなく、イギリスと同盟を結んでロシアと戦ったというのは、日本の外交としてはよい選択だったと言ってよいでしょうね。

伊藤博文なんかはロシアと組むことを考えていたけれど、日本に対して領土的野心を持ったロシアと組むよりは、領土的野心は持っていないイギリスと組む方が、長い目で見て日本により大きな利益があると考えたのは小村寿太郎だった。

高山　まあ、戦前の外交で、大局的には正解だったといえる同盟だった。イギリスと組めばその情報量に期待できた。イギリスの方も南ア戦争の処理で忙しく、日本を利用できると思った。両者の思惑が一致して同盟となったわけだ。

ビクトリア朝の英宰相パーマストンが言った「英国に永遠の敵や永遠の味方などいない。

あるのは永遠の国益だ」という外交方針そのままだね。

宮崎　小村は九州の小藩、飫肥《おび》藩の下級武士の出身。ペリー来航の二年後に生まれています。

高山　確かに、日英同盟は彼の傑作ではあるけれども、日露戦争後のポーツマスでの日露講和会議ではロシアのいいようにされている。小村は日露講和ではロシアから賠償金を取ることもできなかった。日露講和の仲介をしたセオドア・ルーズベルトの悪意も十分には読み取れなかった。

アメリカの思惑によって、大正十二（一九二三）年、ワシントン軍縮会議で日英同盟は解消させられるが、小村はそうした予見もできなかった。

宮崎　ところで、二〇一六年九月二日に、安倍首相がウラジオストックへ行ってプーチンと会いましたが、その同じ日に岸田外相は日南市へ行って、小村寿太郎の墓参をしています。これって初めての現職外相の訪問ですが、過去の外交上の偉人にみならおうとする決意の表れであるとよいのですが。

10 コミンテルン陰謀説を排す

宮崎　対支二十一か条要求の話。第一次大戦中の大正三（一九一四）年八月二十八日に、日本は第三回日英同盟協約によりドイツへ宣戦を布告する。ドイツ事情と膠州湾《こうしゅうわん》の問題と絡めないと、大正四（一九一五）年の対支二十一か条要求というのは、よくわかってこないわけでしょう。一九一九年の五四運動だって、学生と農民が工場の労働者と反対運動を起こしたなんて言われているけど、あの時、中国には工場がないから労働者はいない。大学もほとんどなかった。

だから二十一か条の要求というのも、ものすごくわかりづらいというより、最初からこれは袁世凱の陰謀だったんじゃないか。結果的に見たって、一番得をしているのは袁世凱ですね。一番損をしているのは、言わなくてもわかるよね。

高山　アメリカの外交官ラルフ・タウンゼントが書いている。

二十一か条問題では、日本は本当に袁世凱にいいようにやられた。日本が馬鹿正直だったと。

日本は日露ポーツマス講和で、ロシアが支那から租借した満洲権益をもらった。ただしそれは二十五年の期限つきで、日本は馬鹿正直にその延長を支那に求めた。

本当はもうそんなことはどうでもいい。日本が事実上日露戦争に勝ったんだから。もともと満洲は中国の領土でもない。そのやらなくていい更新をやった。その更新にいろいろ余計なことを付け加えたのが、対支二十一か条だった。

中身は満洲権益の延長のほかに、我々が朝鮮を見事に安定させたように、よかったら同じように支那の治安や安定化をお手伝いしましょう、という善意の申し出だった。

それを、日本のゴリ押しのように見せかけたのが袁世凱の企みだった、とタウンゼントは書いている。僕はそのとおりだと思うし、タウンゼントはこの一件で、親日派と見られて日米開戦のあと、米政府に逮捕拘束されている。

宮崎　対支二十一か条の要求の真相がわかると困るからね。

高山　タウンゼント自身は日本人が嫌いなのよ。日本酒は、あんなガソリンみたいの、飲めたもんじゃないと言っているんだから、結構正直な人間だった。

宮崎　おそらくひどいドブロクでも飲まされたのでしょう。

高山　彼がアメリカの当局からそこまで目をつけられた最大の理由というのは、袁世凱の対日悪企みにアメリカが深くからんでいること、それから、五四運動もアメリカが直接指導したのを知ってるからだと思う。

その証拠に、あの時代、親米反日で活躍した胡適《こてき》にしろ、顧維鈞《こいきん》にしろ、みな米国留学組の連中だ。アメリカが親米反日の支那人養成を始めたのは、日露戦争が終わったあと。まず北京に精華大学をつくって、それから顧維鈞以下を顎足付きで米国留学をさせた。費用は義和団の乱の賠償金を充てた。

戦後のフルブライトと同じだ。どんどんアメリカに呼んで、親米反日にして送り返した。そういう連中が中心になって五四運動の下地をつくっていった。五四運動の実際の指揮者は誰かと言ったら、宣教師フィッチ親子と公使のポール・ラインシュだ。

宮崎　アメリカ人のね。

高山　そうそう。ポールが指揮官で、対支二十一か条の条文を盗んできたのが、米留学から戻ってきたジャーナリストの董顕光《とうけんこう》。その後、南京大虐殺の捏造をやった男だ。戦後はぬけぬけと駐日大使もやっている。裏を支えたのがアメリカ政府出資のチャイナ・プレスの責任者カール・クロウで、彼とラインシュで反日学生運動を煽った。

宮崎　仕掛けたのはコミンテルンだというのがいまは通説ですね。

高山　コミンテルンがやったと言い出したのはアメリカ人です。戦後になって、日中を離反させる工作をしたのは、ソ連の仕切るコミンテルンのせいにした。そうすればアメリカの陰謀という説は全部消えますから。それでコミンテルンを強調することになる。

第一次世界大戦の時だから、まだコミンテルンはそんなに活動していなかった。

宮崎　コミンテルンはまだ発足したばかり、よたよたの時期でした。

高山　だから、そんな風に外に向かって活動するのは、ずっとあと。もうそれこそ、終戦間際ぐらいになってから。例えば、黄埔軍官学校のボロディンがちょこっと出てくる。一九二八年の南京事件もボロディンが指嗾《しそう》したみたいに言われるけれど、あの乱暴狼藉は支那人固有のものだ。指嗾する必要もない。ボロディンは何の役割も果たせない小物だからシベリアへ連れて行かれて殺されてしまった。

日本人はアメリカ人にごまかされ続けた。南京大虐殺にしたって、虐殺があったと騒いだのはフィッチ宣教師にマギー神父、そしてベイツ牧師に、あとはニューヨークタイムズのダーディン記者、シカゴ・デイリー・ニュースのスティール記者とか、全部アメリカ人じゃないですか。

宮崎　ちょっと脱線しますが、最近ニューヨークにKGB博物館ができたのです。なにしろソ連にはなかった『赤旗』の創刊号をフーバー研究所が保存しているように、いまのロシアにもないKGBの秘密通信機器など、おっと驚くような展示がされていて、二〇二〇年一月にも見に行きましたが、アメリカの情報戦の一断面を知りました。

高山　それだけはっきりしているのに戦後GHQの洗脳で、日中を戦わせたのは、蔣介石陣営に潜り込んだ共産党員だ、コミンテルン一派の犯行だと、日本人はいつのまにか信じ込まされた。全部アメリカ人がやっておきながら、やったのはコミンテルンだって。

実は、一番重要な鍵を握っていた存在が、チャイナ・プレスのカール・クロウです。尾崎秀実が『愛情はふる星のごとく』の中で、カール・クロウの本を娘に薦めていた。僕は読んでびっくりしました。なぜこの男が重要か。

米国は第一次大戦当時の一九一〇年代に、国務長官と陸海軍の長官、それとジャーナリストの代表を入れて、「コミッティ・オブ・パブリック・インフォメーション（CPI米国広報委員会）」をつくります。このCPIの目的はいかにアメリカ市民を騙して第一次大戦に参戦させるかだった。

それでドイツ軍の潜水艦に沈没させられたルシタニア号でアメリカ人の乗客が犠牲になったという昔の話をむし返して一九一七年に参戦して、第一次大戦を終わらせる。米国は欧州諸国にうんと金を貸してやって一遍に大金持ちになるわけです。

この米国広報委員会は第一次大戦が終わった段階で用済みになっていたけれども、上海支部だけを生かしておいたんです。

宮崎　ルシタニア号事件にも米国広報委員会がからんでいたわけですか。それで上海支部が活動を続けていた。

高山　米国広報委員会の上海支部が対日広報宣伝を始めますが、その筆頭がカール・クロウだった。これ以降、米国留学した中国人やポール・ラインシュ公使だとかを使って反日を盛り上げた。一方でパール・バックの『大地』にピューリッツァー賞（一九三二年）やノーベル賞（一九三八年）をとらせて素朴で愛すべき支那人像を創っていった。日本が悪役にされていきます。それまでの中国は、日本留学組が圧倒的に多くて親日勢力が影響力を持っていたのが、全部潰されていく。

宮崎　日清戦争が終わって、清国から大勢の中国人留学生が日本に押し寄せた。最盛期は一万九〇〇〇人ぐらいいたらしい。いまの人口に直したら一九万人の優秀な支那人が日本に留学していたという計算です。これは、日本の学校がどれだけ高等な教育をしていたかという証拠になります。

高山　いま中国語の七五％は日本語だという事情は、その辺にあるんです。

宮崎　だって、ほとんどすべての海外の文献が日本語になっていたんだから、彼らはその日本語訳された漢字から西洋文化をそのまま読んで吸収できたんですからね。

高山　そういう日本留学組を押しのける作業を米国広報委員会がずっとやってきた。米中関係の根の深さがわかります。いま日本でコミンテルンの仕業だと言っているのは全部、このコミッティ・オブ・パブリック・インフォメーションがやっていたと思っていい。

最初から最後まで中国を日本にぶつけて、日本の足を引っ張ってきたのは紛れもなくアメリカですよ。

でも、南京大虐殺の言い出しっぺは英国のマンチェスター・ガーディアンのハロルド・テインパーリーじゃないかと言う人もいるが、彼はその直前まで米国の対支那プロパガンダの本拠地ニューヨーク・ヘラルドにいて、米紙記者として支那人の工作の指導にあたっていた。そういう角度から歴史を見ないと間違いを犯す。アメリカの狭さは、根が深く、それを、タウンゼントは知っていて危険だった。

宮崎　だから監獄に入れられて、晩年のタウンゼントには発言の機会はほとんどなかったんですよね。

高山　ないまま終わっちゃう。だから、反日親米というのは、もうずっと国民党政府がいた間の一つの形なのね。そこに中国共産党が入ってきた。彼らは主体として何もしていない。それを米国がさも知恵のある集団のようにつくり上げ、自分の罪をなすりつけた。中共というのは、そんな程度だったんじゃないの。

宮崎　当時はゴミ扱い。毛沢東一派なんて山賊の一団くらいの存在でしかなかったでしょ。ゴミのワン・オブ・ゼム、ああそんなのもいる、というくらいの存在感。

高山　だから、結構アメリカって、企み屋なのよ。

宮崎　それは言えます。しかし、やっぱりアメリカ抜きでは台湾の民主化は語れない。野党をつくれと要求したのもアメリカだったし、結局、アメリカの圧力で蔣介石はしょうがない、野党も認めざるをえなくなって、そこから始まったのが台湾の民主化で、あれは一九八〇年代ですかね。

民進党が出てきて、一九九六年の総統直接選挙に民進党候補も出ている時に、国民党の李登輝《りとうき》が勝っちゃったんだけど。

民進党は当時（一九九六年総統選）、二五パーセント取ってるんですよね。李登輝時代が終わったら陳水扁《ちんすいへん》が出てきて、アメリカのエキスパートらの支援による集会なんかを見てたって、映画のような盛り上がりと映像と光。選挙の現場を見て、これはアメリカの仕込みによる演出だと思いました。

党大会でも、アメリカ人が撮影技師とか照明の指導をやっている。

以後、台湾のテレビニュースがよくなっていくわけ。中国もそうでしょう。

こうやっていまの北朝鮮のアナウンサーのオバサンみたいに、「何とかかんとかである」って言ってた硬直さが薄れ、完全にアメリカのニュース番組になってきた、中国のテレビも。

やっぱり中国人というのは、そういう意味ではアメリカにぴったり浸ってますよ、頭の中は。

高山　そのとおりだと思う。じゃあその仕組みは何かといったら、やはり基本はインディアン戦争ですよ。アメリカ大陸をほとんど略奪していく時に、強いピークォート族がいたら、モヒカンに鉄砲持たせてやっつけさせる。

同じ先住民族同士を戦わせて、最後の止《とど》めは米騎兵隊が出て残りを皆殺しにする。時々カスターみたいにやられてしまうお粗末組もいたけれど。

そういう悪いアメリカ人が、今度はアジアに出てきた。

「秋風秋雨、人を愁殺す」と詠んだ秋瑾《しゅうきん》以下、多くの支那人が日本に留学してきた。東京の街に一万人の留学生がいた。

実際、日露戦争のあと、ドイツの駐北京大使フレイルが「いま、街で支那人と日本人が手をとって提灯行列をし、花火を上げて日露戦争の勝利を祝ってる」「このまま、日本と中国が手を握ると、我々欧州人が持っているアジアの権益が危なくなる」と本国に書き送っている。

それを最も危惧したのが太平洋を挟んで対峙するアメリカだった。日本は一番ヤバい存在だと思っている。それで北京に清華大学をつくり、支那人に米国への留学を誘った。だから日本に来る中国人留学生は減るわけだ。

でも、日本はそんなのは気にしないで、ちゃんと立派な軍隊をつくるように、蔣介石を呼んで学ばせたりした。それから、昆明《こんめい》に行った時に軍官学校があったでしょう。

宮崎　信じられないことに昆明まで行って学校をつくってさし上げた。数年前でしたか、その学校跡を高山さんと一緒に見に行きましたね。

高山　あそこはアジアと支那のもう一つの重要拠点で、フランスは鉄道を入れるわ、イギリスは領事館を置くわ。

宮崎　フランスが鉄道を敷いたんですね、ベトナムまで。昆明ではタイの領事館が一番大きい。タイを通して外国勢力が入ってくる。

高山　そうやって中国人に軍隊のつくり方から、統率の仕方を教えてたら、その間に秋瑾も殺され、蔣介石を除いて日本留学組は勢いを失っていく。無事に残ったのは周作人《しゅうさくじん》ぐらいですか。

宮崎　周作人は魯迅の弟ね。要するに、国民党を本当に握っていたのは孫文よりも宋教仁《そうきょうじん》ですけれど。これも孫文が嫉妬のあまり、袁世凱に頼んで殺しちゃうんだよね。黄興《こうこう》も日本にちょっと留学してるんだけど、実際の武装闘争をやったのはこの男なのですが、だから歴史から消えているんです。黄興は孫文より日本のことを知っていて、ちゃんと南洲神社に出向き、西郷さんの墓参もしている傑物でした。

結局、孫文が国民党政府を主宰したような作為の歴史をでっちあげ、それでその孫文の合法性を継続しているというので、その正統の後継者であると、蔣介石と毛沢東が孫文を取り合うのが戦後の中国史でしょう。

だから孫文は、自分はどうしてここまでえらくなったんだろう、仁徳天皇陵ぐらいの大きな陵までこさえてもらっていますが、これは何かの間違いだろうって、泉下できっと思っているに違いない。

高山　南京の隣に中山（孫文）陵がある。びっくりしちゃったよ。孫文は言い換えれば、初代アメリカ留学組だ。ハワイかなんかだけど。英語を話して。孫文自身は強烈な親米反日だったと思う。あんなに日本に世話になっておきながら。

宮崎　孫文は実質、反日ですね。

高山　日本に毎年一万人の支那人が来て学び、日本もまた東亜同文書院を上海に送り、「中日の英才を教える」とか、いろいろやって努力して積み重ねたものが、ある時、ぽこっと消失して、気がついたら反日親米の組織に変わっちゃうんだよ。その裏で米国の本気の対支那政策が着々と進められていた。それに日本は全然気づかない。

11 恩を仇で返す中国のやり方

宮崎　日米対立の問題だけど、戦前に日米対立を憂えた朝河貫一《あさかわかんいち》という学者がいた。この人がいま話したような中国人・支那人と日本人との関係を早々に書き込んでいます。明治六（一八七三）年に福島で生まれ、二十二歳で渡米してエール大学で比較法制史を研究して、長くエール大学教授を務めた。

日米開戦の際に、ルーズベルトにいいように利用された、天皇親電の草案作成に関係があった人物。

この人が明治四十二（一九〇九）年、『日本の禍機《かき》』という本を出している。言うところは、日清戦争以降、列国が当時の清に対して、そこから得られる利益に関わって門戸開放、機会均等を称えるだけではなく、清の主権を尊重するようになってきているのに、その潮流に気づかず、徒《いたずら》に満洲を中心に清と対立を深め、それが日米の対立の原因になってきているという。

高山　その、清の主権を尊重するという考え方ね。その本に書いてあったと思うけど、けっして列国が人道に目覚めてそんなことを言い出したんじゃない。そこをまちがってはいけない。清から得られる利益に関して、どの列強も特段に不利にならないように機会を均等にしようという考え方が基本。

つまり清から得られる巨大な利益について、例えばロシア一国が独占するようになっては困るということで、清の主権を尊重しようと言い出したんだ。根はそれまでと少しも変わらない。

宮崎　そう。そういう中で日本の行動が、東洋の秩序を壊しているかのように目立って見えるようになる、と朝河は言うわけだ。

高山　いや、それは支那の問題だよ。日本が著しく清に対してひどいことをしていたわけではないよ。支那人、とくに漢人が、日本に非があるかのように世界に向けて言いふらすんだよ。

宮崎　そう。朝河も言っている。支那が高慢、不条理、頑固のために日本人の感情を傷つけ、怒らせているのは確かだ。しかしそれに対して日本人が同じように応えれば、世界から見れば、日本が清を虐めているように見え、清に同情がいくことを危惧する。

そして、支那人ほど実利的で投機的な人種は世界にいないとして、こうも言っています。

「支那は当座の目的を遂げんがためには、過去の恩義を埋没し去りて微塵も良心の苦痛を感ぜざるのみならず、恩義の主たる日本を不利の地位に陥れんがために一時あらゆる手段をもちうること忌《いみ》きざりしもののごとし」と。

まったくいまの中国と同じです。

高山　要するに日本人はそんな支那人に振りまわされ、どんどん悪役に仕立てあげられた。

宮崎　日本は沈黙は金という価値観の国ゆえに、宣伝べたなんだ。清が清に有利になるように事実を捻じ曲げ、針小棒大にプロパガンダを発信している時、日本は何もしない。いまの日本と同じです。

高山　それで、アメリカとは……。

宮崎　つまりは清に対する利権については、太平洋を挟んで日本とアメリカとが最も鋭敏でね。そのために日本とアメリカは対立を深めていく。

先ほど言ったようにこの朝河の本は明治四十二年に出たのだから、日露戦争が終わった後のものだ。だからロシアから譲り受けた鉄道や租借地は、いずれ清国に返すという姿勢を持っているべきだとしています。

日清戦争や日露戦争の前までは、清の主権を尊重するという気風はまったくなかったのに、日本が清やロシアに勝つと、急にそういうことを言い出すようになった。

12 日米開戦に誘いこんだのはアメリカ

高山 さて、日米開戦だけれども、その原因は擡頭した日本人が非白人だったことに尽きる。ほぼ確立された白人支配体制を破る危険な国柄として、いずれは潰される存在だった。米国が日本の脅威に気づいたのは、ハワイ併合に対する東郷平八郎の干渉だった。

あの時、セオドア・ルーズベルトは「日本を脅威と思う」と率直にアルフレッド・マハンに言い、大統領になるとパナマ運河をつくり、支那をてなずけ清華大学をつくり、着々と日本を支那の敵に仕立てていく。

ウッドロー・ウィルソンがそれを継いで国際連盟で日本を孤立させ、次のハーディングの時、日英同盟を解消させて白人クラブから完全に追い出した。

その後は孤立した日本を支那を使って疲弊させる。第一次、第二次上海事変も米国の肝《きも》煎《い》りだった。

日本が満洲に活路を見出そうとすれば非難する。日本を経済封鎖する。日本を病原菌よばわりして隔離宣言まで出す。日本人はそれに耐え続けた。

基本的には日本人は劣った有色人種だから、戦争になってもいつでも勝てると米国は思っていた。いつやるかは米国の都合のいい時を待ち、それまでじっくり日本をいたぶればよかった。

そういういつでも日本を叩ける時期にフランクリン・ルーズベルトのニューディール政策が破綻して大恐慌当時より失業率が高くなる。加えて欧州で第二次大戦が勃発した。戦争は最大の経済復興政策だ。そういう様々な都合が大きなうねりになっていく。日本はその谷間でもがいていた。

宮崎　日本とアメリカが顕著に対立し始めたのは、昭和六（一九三一）年の満洲事変からだろうね。この時、後にルーズベルト大統領の陸軍長官となるスティムソンが、フーバー大統領の下で国務長官を務めている。そのスティムソンが満洲事変に対して怒り始め、日本を制裁していく路線に傾斜してゆく。

高山　ルーズベルトはこのタイミングを捉えて欧州戦争に参戦し、同時に、太平洋の先の潜在敵、日本破壊を一緒にやってしまおうと思った。

その証左はいま、宮崎さんが言ったフーバー政権（共和党）の中で、最も強硬な日本嫌いのスティムソンをそのまま自分の新閣僚名簿に入れて、それも戦争担当の陸軍長官に任命したこと。

スティムソンはだから、満洲事変で大騒ぎして反日を打ち鳴らした。日本をとにかく追い詰める。目の前まできた日米開戦の準備の一環だ。

先ほども言ったように、ワシントン海軍軍縮条約でハーディングが日英同盟を解消させた。これも同じように日米開戦に備えた対日政策と見ていい。その流れをたどればセオドア・ルーズベルトのマハンへの手紙に辿り着く。

セオドア・ルーズベルトからフランクリン・ルーズベルトまで、対日開戦準備の執念深さは、有色先住民を皆殺しにしていたキリスト教的「明白な使命」（マニフェスト・デスティニー）に通じるものがあると思う。

三百年かけてインディアンを殺し尽くした執念で日本を滅ぼそうとした。だから、日本のやることにことごとく因縁をつけてきた。支那人を早々に抱き込んで反日をやらせ、満洲帝国に因縁をつけてきた。

その執念は日本の宰相が誰であっても変わらなかった。つまり回避できる戦いではなかったと思う。

宮崎　日本はその流れをまったくつかめなかった。

高山　その米国が日米開戦を本気で意識したのは、やはり一九三九年のドイツのポーランド侵攻だった。

このころ米国の失業率は一九二九年のころと変わっていなかった。景気は浮揚しない、ニューディールもダメで、それで一九四〇年からルーズベルトは本格的な開戦準備を実施する。一九四〇年（昭和一五年）五月、ルーズベルトは米西海岸ロングビーチにあった米太平洋艦隊にハワイ沖で演習させたあと、真珠湾に置き去りにした。そしてこの補給も支援もない空間に太平洋艦隊を一年半も、つまり真珠湾攻撃までつなぎっ放しにした。

その一方で、支那にはフライング・タイガース（米国が義勇軍として送り込んだ、パイロットと戦闘機）を配置し、蔣介石軍を増強した。

宮崎　フライング・タイガースという飛行部隊を使って日本を攻撃しようとしていたんだ

から、日米戦争はアメリカが先に開戦したのです。

高山　その通りです。アメリカは戦争をやりたくて、事実上、もう参戦していた。ドイツがデンマークを落とすと、英国はそのデンマーク領のアイスランドをいち早く占領し、大西洋航路の安全を図った。しかし、英国もこんな島に一個旅団近い英将兵を遊ばせておくわけにもいかない。それでルーズベルトに頼んで米軍を派遣し、アイスランドを占領した上でデンマークの支配から独立させた。

デンマーク本国がヒトラーの支配下に入れば、デンマーク領のアイスランドも自動的にヒトラーのものになる。それを防ぐための予防的占領だが、どう見たって参戦していない米国が勝手に他国の領土を占領したことに間違いない。明らかに事実上の参戦だった。

そんなインチキを裏でやりながら、同じ時期、日本がビシー政権の了解のもと仏印に進駐すると、米国は自分のやったことは隠して大声で非難し、一方的に経済封鎖してきた。

傲慢にして一方的だ。日本側が首脳会談をいくら申し込んでも、この一年半は結局は応じなかった。こういうお膳立てというか長期プランがあった。その中で具体的な日本側の動きはというと、そこまで読み通せていない悲しさが浮かんでくる。それが松岡洋右の動きによく出ている。

宮崎　そして昭和八（一九三三）年、日本は満洲国承認をめぐって国際連盟を脱退していく。この時、スティムソンがルーズベルト大統領の下で陸軍長官をしていた。

高山　アメリカの対日戦略で一番重要なポイントは、一九三一年の満洲事変を受けて、フーバー政権の国務長官だったヘンリー・スティムソンが打ち出したスティムソン・ドクトリンです。

スティムソンはワシントン海軍軍縮会議も主導した人物ですが、満洲については「支那の領土」と断言して、日本軍の行動は不戦条約と九カ国条約違反だと一方的に非難した。このスティムソン・ドクトリンによって日本の「満洲は中国の領土ではない」という言い分が国際社会でまったく通らなくなる。

宮崎　それで満洲にリットン調査団が入ることになる。

高山　リットン調査団も変な構成で来る。調査団のメンバーは全部、各国の植民地大臣ですからね。アメリカもフランク・ロス・マッコイ陸軍少将というのがオブザーバーみたいな顔をして入りました。自分たちは勝手にフィリピンなどを植民地にしておきながら、日本の特殊事情は認めると留保はつけているものの、満洲事変を日本の自衛行動とは認めなかった。

宮崎　日本の特殊権益は認めたものの、結局、満洲国は承認されなかった。それが日本が一九三三年に国際連盟脱退まで追い込まれる原因になった。

高山　リットン調査団の報告書は、満洲の主権は中国にあるとした。ということは、漢民族の中華民国は清王朝の版図を公式に引き継ぎ、それは国際的に承認されているという意味になる。中国を盟主にした五族協和というか、五星紅旗の形があの時に承認されるかたちになった。それで、一九四九年になって中国共産党が国民党を追い出して、「全部、自分たちの領土だ」と言ってチベット侵攻、ウイグル侵攻をどんどんやっていった。

モンゴルだけは独立という格好で、ソ連が先に手をつけて外蒙古と内蒙古の二つに分割してしまいます。

でも、中国人は万里の長城の内側という歴史がずっとあって、あそこから先は王維の漢詩にあるように「西の方、陽関を出ずれば故人なからん」で、支那の領土ではないと言っている。北の山海関の向こう側の満洲には支那人は入れなかった。

「日本が満州人の国をちゃんと保護します」という言葉をひっくり返したのはヘンリー・スティムソンなんです。いまの台湾問題含め「一つの支那」の根拠はみなスティムソンの嘘が原点にある。

宮崎　話を昭和八年の国際連盟の脱退に戻すと、脱退は松岡洋右の意思ではなかった。この時の斎藤実内閣の外務大臣内田康哉《こうさい》が悪かった。非常に強い強硬路線を取った。

高山　松岡は誤解されているよね。

宮崎　松岡洋右は、戦後著しく誤解されてしまった外交官です。歴史教育とマスコミの責任もさりながら、責任を松岡一人に押し付けようとした近衛文麿という面妖《めんよう》な政治家の存在も大きい。

　国際連盟脱退にしても、松岡は「二階に上がっている内に梯子を外された」というのが真相でしょう。松岡は最後まで脱退に反対していたのですから。

　この松岡は長州の廻船問屋「今津屋」の倅《せがれ》。実家の破産により十三歳で渡米し、塗炭の苦しみを味わいながら九年間を送った。この時の世界経験が彼の資源となって外交官生活の基礎を固めました。松岡洋右は実はドイツ嫌いでした。

高山　三国同盟を結んだ松岡が？

宮崎　「ドイツほど信用できない国はない」というのが松岡の持論で、「自国の利益のためなら平気で他国を犠牲にして裏切り、迷惑をかけることなど屁にも思っていない。その外交姿勢は徹頭徹尾利己的で打算的であり、ドイツと関わった国の外交は例外なく混乱を余儀なくされている」と福井雄三東京国際大学教授の『よみがえる松岡洋右』（ＰＨＰ研究所）に書いてあります。まさにそのとおりで、日本は三国同盟を結び、ヒトラーに心酔したが、ドイツが裏でやっていたことは蔣介石支援だった。

松岡は上海に三年、大連に一年。すっかり中国大陸に魅了され、また上海では山条（財界総理的大物、上海経済を左右する三井物産社長。山本条太郎が本名）の知遇を得ています。松岡に決定的な影響を与えたのは、この山条と、当時まだ健在だった山県有朋だった。明治維新の元勲にして吉田松陰の教え子、奇兵隊として活躍した山県有朋は、明治の政界の黒幕としていまの椿山荘あたりに豪邸《ごうてい》をつくって陣取っていた。

まだ二十七歳の若さで山県有朋と対面した松岡は、何ら臆することなく持論を展開し、山県を圧倒したという逸話が残ります。

奇兵隊の軍資金を調達したうえ、木戸孝允の愛妾だった幾松を匿い、そして倒産した今津屋は、山県有朋が世話になった恩人。「君はあの今津屋の倅か」と知ることになった山県は以後、松岡を気に入り、山県邸に出入り自由となる。

松岡が次に赴任したのはペテルブルク、そしてロマノフ王朝の末路を予見するに至る。松岡をハッタリ屋、大言壮語の大風呂敷野郎と誤解する向きもありますが、彼は「錯綜する情報を冷静に分析して、正確な判断と結論を下すことのできる、冷徹なリアリスト」だったと福井教授は何回も強調しています。

また松岡は清朝の崩壊を予見したように、世界情勢が重大な局面にさしかかった時、それがどのように進展していくか予言して、ほぼ的中している。情報収集能力もさることながら、恐らく彼には、物事の本質を直感的に把握する、天性の洞察力が備わっていたから、と福井教授は言うのです。

高山　だから、松岡としては国際連盟脱退には反対だった。

宮崎　しかし、松岡は戦後の歴史家の間で過小評価され、かわりに石原莞爾への過大評価が出てきた。一方で東條英機が極端に歪められ、岸信介がいまなお過小評価されているようなものでしょう。

高山　歴史の中での人物評価は、いいかげんなものが多い。バカなやつが高く評価されたり。

宮崎　本題に戻るけど、国際連盟を脱退して孤立した日本は、昭和十一（一九三六）年、広田弘毅内閣の時に日独防共協定を結ぶ。

高山　その広田だが、外交官試験では吉田茂と同期。戦後、東京裁判で唯一、文官で死刑の判決を受けた。昭和二十一（一九四六）年、広田が逮捕されると、静子夫人が、夫を楽にしてあげたいと言って自殺する。

宮崎　それを美談として、城山三郎が『落日燃ゆ』という小説を書きました。城山のような左翼作家が同調しやすいのでしょうね。

高山　でも外交官としては失敗だよね。彼は二・二六事件の後を受けて総理大臣になるんだけど、何と、大正二（一九一三）年に廃止された陸海軍大臣の現役制を、いとも簡単に復活させてしまう。軍部の発言がますます強くなり、内閣は一層弱体化する。

事実、翌年には寺内寿一陸軍大臣が、議員に侮辱されたと言って内閣を潰してしまう。広田は総理を降りなければならなくなった。

それに昭和十二（一九三七）年に成立した近衛文麿第一次内閣で外務大臣を務めていた時、「国民党政府を対手《あいて》とせず」といういわゆる近衛声明を、軍部の反対を押し切って出させた。

これは、蔣介石が米国の手先だと見抜いていて、それをストレートに言ってしまったんだ。アメリカはそれもまた日本叩きに利用する。こういう人物は戦後に残したくない。だからアメリカは東京裁判で死刑にしたんだ。

宮崎　そこでさらに日米関係を悪化させたのが、松岡洋右外相の下での昭和十五（一九四〇）年の三国同盟の締結。松岡は、日米和解は力によってしか解決しないという信念の下に、ドイツと提携して、その力の強さのもとに日米和解を図ろうとしたのだが、良い目は出ず、日米対立をより悪くするという悪い目のみが出た。

ともあれ松岡は、その力を背景にして海軍の野村吉三郎を担ぎ出して、日米交渉をさせた人だが、ルーズベルトの前ではもはや手遅れだった。

高山　ルーズベルトの母親のサラ・デラノはラッセル商会の幹部のウォーレン・デラノの娘だ。アヘンと苦力《クーリー》貿易で財を成していた。だからルーズベルト自身も支那への贖罪意識もあり、自分の墓も支那風にしている。支那人の根性も知っているから、そこを利用して日本苛めに使った。

表向きは野村らと和気藹々《あいあい》としながら、日本に対しては一片の同情心も持っていなかった。日本を追い詰めていって、念願の戦争へと持っていくわけだ。

宮崎　この日米開戦直前の日米交渉の経過は杉原誠四郎氏が平成九（一九九七）年に出した『日米開戦以降の日本外交の研究』（亜紀書房）に詳しいね。これは翻訳されてアメリカ人も読んでいる。

杉原氏は、ルーズベルトが日本に対して悪意の固まりであったとしても、日本の外交が十分に能力を機能していたら一〇〇パーセント日米開戦は回避できたと言っています。

高山 しかし、先ほども言ったようにセオドア・ルーズベルト時代からのあの執拗さを考えれば、やはりいつかは戦争になっていた。

宮崎 でもね、日本がドイツ、イタリアと三国同盟を結んだのは昭和十五（一九四〇）年九月。その後に、アメリカで大統領選が行われた。ルーズベルトが三選されれば戦争になる恐れがあるということで、元々アメリカの歴史にはなかった三選をさせない動きが出始めた。そこで十月、ルーズベルトはラジオを通じて、「あなた方の息子さんは絶対に戦場に送らない」と言って、「不戦の誓い」をした。

「不戦の誓い」をして大統領になったのであるから、自分の方から戦争を仕掛けることはできない。戦争を仕掛けられるように持っていく、というわけね。

そう考えなければならないのだが、当時この大統領の発言を分析して、このように発想した人は外務省の中に一人もいなかった。

高山 その後は、戦争を仕掛ける方向に日米交渉は進んでいくのに、そのことに誰も気がつかなかったということね。

宮崎 それに昭和十六（一九四一）年、六月二十二日に独ソ不可侵条約を結んでいたドイツとソ連とが、ドイツが仕掛ける形で独ソ戦が始まる。日本はこの年の四月に日ソ中立条約を結んだばかりだったが、三国同盟からすれば、ソ連に侵攻してもよい立場に立っていた。松岡洋右は直ちに北進すべしと進言したが、昭和天皇がお許しにならなかった。

しかし外交カードとしては使える。日米和解がならなければソ連侵攻をすることになる、とアメリカに迫れば、恐らくアメリカは日米和解の方を選んだだろう。ともあれ問題なのは、このような外交カードを思いついた人が外務省の中にいなかった。

高山　独ソ戦争という折角の外交カードを使わず、無為に時間を過ごしたわけだ。

宮崎　陸軍からもこの時、何の知恵も出てこなかったから、陸軍も悪いけどね。

高山　そういえば、この年十一月二十六日、ハル・ノートを突きつけられた時の知恵のなさには溜息が出る。

この時の外務大臣は東郷茂徳。真面目に頑張ったことは認めるけれども、知恵がなかった。

この時、あまり知られていないことだけど、実は日本もアメリカの外交電報を解読していた。それで、ハルから駐日大使のグルーに宛てた電報を読んで、アメリカはハル・ノートとは違う、暫定的に衝突を回避するために暫定的提案もつくっていたことを知る。これこともアメリカが言い訳用に用意したとも思えるけれど、それをハルはグルーに提示しないことにしたとわざわざ知らせる。だから日本はハル・ノートをアメリカの最終案だと思うわけだ。だけどこれは、米国が望む戦争を回避する手段が日本に無かったワケじゃないことを示している。

日本はハル・ノートについて開戦直後に新聞発表している。夕刊にちょこっと載っているけれど、そうでなくてもっと大々的に公表してアメリカ国民に伝えるべきだった。現にハル・ノートはアメリカでも封印されていた。ハミルトン・フィッシュの『ルーズベルトの開戦責任』（草思社）という回想録には、ルーズベルトがハル・ノートを公表しなければならなくなるので、真珠湾の太平洋艦隊司令長官ハズバンド・キンメル提督を、ただ罷免したままで軍法会議にかけなかったことが書いてある。軍法会議を開けば、アメリカ議会にも市民にも知らせずに日本を戦争に追い込んだハル・ノートを、公にしなければならなくなるからね。

ハル・ノートは戦後パール判事が「ルクセンブルクだって開戦に踏み切る」と言った内容だ。だからキンメル提督罷免で逃げた。だから日本側がもっと早くもっと大騒ぎして、ルーズベルト政権の魂胆を世界に示せば、あるいは開戦はなかったと思う。なぜ、そうしなかったのか。もう開戦を決めていたからかもしれない。いずれにせよ、それが唯一無二の開戦回避の手段だった。

宮崎　とすれば、杉原氏の言うように、日本の外務省の能力が高ければ、日米開戦は一〇〇パーセントなかったと言えなくはない。

13 真珠湾奇襲はルーズベルトが仕掛けた

高山　それで日米開戦の真珠湾奇襲の話だけど、真珠湾は完全にはめられたわけでしょう。先ほども言ったように一九四〇年五月に、米太平洋艦隊司令長官ジェームズ・リチャードソンの反対を押し切って、アメリカ西海岸にあった米太平洋艦隊を無理やり、真珠湾に足止めした。日本の手の届くところまで移してじっと待つ。これは普通、囮《おとり》というよね。

それで一年半ののちに真珠湾攻撃があるんだけど、その間一生懸命日本にちょっかいを出して怒らせる。ルーズベルトは近衛との首脳会談には一切応じなかった。追い詰めて追い詰めて。首相が東條に代わって、日本はルーズベルトの思惑に乗せられて開戦に走る。

もう一つ、不思議がある。山本五十六は知米派として知られる。彼は真珠湾攻撃に飛びつくが、あの米国をよく知る者なら、アラモの砦やメイン号事件を知っているはずだ。

アラモはメキシコ領テキサスに米国人が入植させてもらって、入植者がメキシコ人より多くなったところで住民投票で「メキシコからの独立」を宣言する。ふざけるなとメキシコ政府が怒って軍を差し向けると、アメリカは独立派米国人二五〇人の立てこもるアラモ砦を見捨てる。全滅させたところで「メキシコは酷い」「リメンバー・アラモ」と言って軍隊を義勇軍にしたてて襲いかかって、テキサスを分捕ってしまう。

メイン号事件は、キューバのハバナ港に入った米艦のメイン号が謎の爆発で沈み、乗員二五〇人が死ぬ。今度は「リメンバー・メイン」で、キューバのスペイン軍に襲いかかってキューバを占領して米国の保護国にしてしまう。

罠を仕掛け、自国民を殺させて、その復讐という形で戦争を仕掛けるのがアメリカの形だ。それを知っていれば、援軍もすぐには行けない孤立した真珠湾に繋がれた太平洋艦隊が何を意味するか。五十六が知米派と称するなら見抜いているはずだ。

宮崎　「アメリカをよく知る山本五十六」が真珠湾をやりましょうと言った。知米派、親米派というのは騙されやすい愚か者という意味なのかもしれない。

高山　それでも罠を仕掛けたルーズベルトをびっくりさせたのが、あの戦果だね。

水深一四メートルだから、どこの雷撃機が来たって魚雷は打てない。それに日本人は急降下爆撃もできないと信じられていた。

アラモ砦だって二五〇人死んで戦争を起こさせたんだから、まあ二五一人以上三〇〇人未満戦死すればいいとルーズベルトは読んでいた。むしろルーズベルトは日本軍機がヘタクソで死傷者が出ないのを心配していた。ところが、日本側はものの見事に雷撃し、急降下爆撃もやって予想の一〇倍も戦死者を出した。二五〇〇人も死なれると、これはやっぱり大統領は何をやっていたんだということになる。あれだけ日本が悪い、病原菌だ、好戦的でどうしようもない国だと言っておきながら、おめおめと、それも大統領命令でわざわざ真珠湾に持っていった太平洋艦隊基地を見事にやられてしまった。

ハミルトン・フィッシュの本を読むと、ルーズベルトは真珠湾攻撃で大きな被害の出たあと、かなり落ち込み、おどおどしていたとある。作戦成功、意気揚々と「思うとおり罠にはまった」「やっぱりあいつらは隔離して処分すべき黴菌《ばいきん》だ」と得意満面で一時間も開戦演説するのかと思ったら、十分で終わってしまった。

宮崎　あの、おしゃべりが。

高山　毎週のラジオ放送やら頼みもしない日本隔離演説で、ベチャクチャ喋りまくってきたのに、たった十分で終わっている。その辺の心理状態は、誰もまだ研究していない。

宮崎　お話に出たフーバーの回顧録は、渡辺惣樹さんの訳で刊行されました。先に藤井厳喜さん、稲村公望さん、茂木弘道さんの三人が『日米戦争を起こしたのは誰か？』（勉誠出版）という書名でこのフーバーの本を紹介し、話題になっていましたが、七十年間もお蔵に入っていたのです。本の中で、ルーズベルトは狂気の大統領だと書いてある。それもすごい話です。

　情報の話に戻りますが、真珠湾攻撃はそれなりに情報をとっていたから成功した。もっともアメリカと比べてまだそれほどではない。しかし戦後は、情報力というのをどうしてすっかり失ったんですかね。戦前までは、僅かながらも日本は情報戦略というのをそれなりにちゃんと持っていた。

　日清・日露という祖国の運命をかけた戦争を経験していますから、情報の意義は十分に理解できていたはずです。

高山　持っていたはずだよね。だってハワイも罠かもしれないと思いつつも、でもきっちりその戦果は上げた。航空機攻撃では絶対沈まないと言われた超々弩級戦艦プリンス・オブ・ウェールズもあっさり沈めた。難攻不落のはずのシンガポールも落とした。情報では負けても戦争では勝ち続けた。日本軍も予想外のことをやった。

宮崎　フィリピンに空爆した時、マッカーサーがびっくりして、どこから飛んできたのか。こんな長距離を飛べる戦闘機を、日本は持っていないとタカをくっていたら、台湾から飛んできた。いまの高雄市郊外の左営ですね。中国語の「営」は軍事拠点という意味があります。

高山　ルーズベルトのいろいろな本を読んで、その裏を読むと、米国はB17という、ドイツ機も落とせない重爆撃機を持っていた。

これはフィリピンとウラジオストクを往復できる長い脚を持つ。日本の戦闘機如きが迎撃しても逆に楽々撃ち落とすと信じ込んでいた。

だから、真珠湾で開戦しても三か月もしないうちに、B17で徹底的に日本本土を叩いて降伏させられると思っていた。

もちろんシンガポールなんて落ちるとも思わないし、プリンス・オブ・ウェールズも沈められると思ってもいなかった。三か月、四か月で叩きのめして、あとはドイツに専念すればいいぐらいに思っていた。

それがもうまったくの予想外の展開になって、日本は欧米植民地を四年も確保した。おかげでアジア中の民衆が、日本軍の前で白人が逃げ惑うのを見て、それで彼らは目覚めた。四年もあれば、アジアの民衆が自分たちで軍隊をつくったり、自分たちでどうやって国をやろうかということを日本人に教わる時間が十分に持てた。

これが三か月、四か月でつぶれていたら、日本を含めて、もっと厳しい植民地支配下になる。白人の世界支配は完成していた。

だから先の大戦は最後は負けたとはいえ、結果から言えば白人支配は打ち破られた。ルーズベルトやチャーチルの負けだよ。緒戦だけとはいえ白人が有色人種に負かされ続けた。植民地を奪われ、独立させられてしまったのだから。日本は戦争という外交では負けた。罠にもはまった。汚名も着せられた。

だけど、日本が最初抱いていたアジア解放、人類解放、人種平等という、国際連盟の時代からの思いは達成したんだよ。

宮崎　高山さん、ここでいつか聞いた「零戦の歴史的貢献」の話をしてくださいよ。

高山　零戦の話ね。零戦という戦闘機の評価については、日本人自身も誤ってるんじゃないかと思う時がある。

これはマイケル・シャラーの『マッカーサーの時代』という本の中に出てくるんだけど、米国は第二次世界大戦に入った時にＢ17を英国に供与して飛ばした。日本と開戦する前、ドイツのハインケル、メッサーシュミット、フォッケウルフが総がかりでもＢ17を落とせない。スピードから何からいっても圧倒的に強く、速く、一機も落とされなかった。

文字通りの「空飛ぶ要塞Ｂ17」を、太平洋に一〇〇機持ってくるはずだった。それでマニラとウラジオストクの距離を飛べた。マニラとウラジオストクの間を往復して、少し日本に脅しをかけようという計画もあった。

ルーズベルトはそんなのが日本上空を飛んでウラジオストクに行ったら、もうそれだけで日本の戦意が萎えちゃって絶対開戦しなくなると計画を中止させている。

ところが、いざ開戦したら日本は零戦を持ち出してきて、欧州戦線では一機も落とされなかったＢ17が、それこそバタバタと落とされる。

一番最初は開戦三日目に、ルソン島北部にやってきた日本の輸送船団を目がけて、Ｂ17が単機、飛んできた。護衛機なしは欧州戦線では当たり前だった。落とされないから、平気で行くわけだ。

それを坂井三郎たちの零戦が見つけて追いかけて、落っことしてしまった。そのあとボルネオで三機だったか、零戦が落とす。一番痛快なのはニューギニアで九機の零戦が五機編成のB17をまとめて落とした。アメリカはそれで一機を除いて、全部、〝安全な欧州戦線〟に戻したとシャラーは書いている。

肝心のB17が零戦にやられた。それで日本をB17で全滅させるという基本構想が崩れてしまった。その零戦に勝つ飛行機をつくるまで、戦争期間が延びたわけだ。その間に日本は何をやったかといったら、東南アジアに行って、白人の植民地を全部ぶっ壊しちゃった。白人支配をぶっ壊した。それで、やっとアメリカが反攻に転じた時には、もう全白人は追い出されるか、捕虜になるかしていた。アジア植民地はその間に三年も自治国家になる準備をしてきた。戦後の独立は避けられない勢いを持っていた。

言い換えれば、アメリカの初期計画、パール・ハーバーの次はもう日本の降伏調印、のはずが三年半延びた。ということは、結局、零戦のおかげだった。だから、日本はいろいろなことを日清日露でやったけど、最大の功績は白人神話をつぶした零戦だと言っていい。百田尚樹さんも喜ぶ話だね。

ちなみにB17を一機残したと言ったけれど、それはメルボルンに逃げた臆病者マッカーサーの搭乗機にさせた。零戦に遭遇して落とされてしまえというアメリカ首脳部の嫌がらせだった。十分に笑える話だ。

14

致命的だった「対米宣戦布告」の手交遅延

宮崎　次に日米開戦に当たって、対米最後通告遅延の問題について話し合いましょう。これほど大規模な戦争を始めるに当たって、宣戦布告の意味を込めた最後通告を攻撃前に手交することになっていたのに、予定の時間通りの手交をせず、事務失態で攻撃が始まってしまった後で渡すことになったというのは、世界史に残すべき外交の失態だよね。この事実は日本人なら誰もが知っていることだけど、あまりにも重大な失態だから教科書に書かれるべきです。「新しい歴史教科書をつくる会」の中学校の歴史教科書『新しい歴史教科書』だけが、この失態について触れている。

高山　だけど、この問題でいつも僕が思うことがある。この時の事情を考えれば、もともと宣戦布告はしなくていいんじゃないの。だって、日本が対米戦を決断するのは十一月二十六日にハル・ノートをアメリカが出したからだ。ハル・ノートを突きつけられたら、モナコやルクセンブルクだって立ちあがるであろうというシロモノだ。ハル・ノートそのものがアメリカからの宣戦布告だから、日本は明らかに自衛戦争をしたんじゃないか。自衛戦争だったら、宣戦布告はいらない。それが当時の国際法で言ってたことだから。

宮崎　だけどアメリカは、日本が無通告で真珠湾攻撃したとして団結したわけね。それが原爆投下まで続く、激しい戦争の原因になったことは認めざるをえない。

高山　そのように仕向けたのはルーズベルトだ。あるいはアラモ以来のアメリカの伝統外交だ。彼はアメリカの国民にとっても敵だよ。日本に戦争を仕掛けさせて、それであれだけアメリカ兵を死なせたんだから。

宮崎　いずれにしても、本省から緊急態勢を敷けと言ってきているのに、緊急態勢を敷かず、手交の遅延を引き起こしたワシントンの日本大使館の責任は大きいね。責任者は井口貞夫参事官だった。

高山　それでタイプを打つ担当だった奥村勝蔵がその前夜、タイプを打たないで遊びに行った。どこに遊びに行ったかは、いまもって判明していないのはどういうこと？

宮崎　ともあれ、翌日午前、奥村は一所懸命タイプを打ち出すんだけど間に合わない。

高山　間に合わないかもしれないとわかった時、手交が定刻の時間より遅れることをハルに通知するのみで、間に合わせるための工夫の智慧がまったく出てこない。

本省から現地のタイピストを使ってはならないという指示が来ており、それを忠実に守るだけで何の工夫もしようとはしない。

宮崎　現地のタイピストを使うなというのは、最後通告の文章が機密だからだよね。だったら時間節約のために現地のタイピストに打たせて、その最後通告をハルに手交するまで、タイピストを部屋に閉じ込めておけばいい。ハルに手渡したら機密文書ではなくなるんだから、それから解放すればいい。

高山　いや、まだ他の方法がある。手書きですませばいいんだよ、手書きで。

宮崎　本当に機転がきかない。そして問題はこの最後通告を読んでも、これが宣戦布告だという認識が出てこなかったことだ。ルーズベルトは解読電報を読んですぐに宣戦布告だと思ったというのに、日本の大使館はそう思わなかったというんだから。一時に渡せという指示が本省から来ているわけですからね。タイピストを使っちゃいかんということも言っているわけですね。そうすると非常に重要な電報だということは、もう言わなくてもわかるわけですよね。そして万端準備態勢ね、態勢はきちんとしろと指示されていたにもかかわらず、それが宣戦布告だとわからなかった。

高山　宣戦布告の認識のないままに、指定時間から約一時間半遅れて、大使の野村吉三郎と来栖三郎はハル国務長官にこの文書を渡す。

この時、ハルは電報の解読によって文書の内容はよく知っている。そして真珠湾攻撃の始まったこともよく知っている。でもそれを知らないかのようにして読み始めて、そして激怒していく。

このハルと会っている時、野村と来栖は真珠湾で攻撃が始まったことをまったく知らなかった。

宮崎　大使館に帰ってからラジオでそのニュースをけたたましく報じているのを知って、真珠湾攻撃が行われているのを知った。

高山　そうしたらハルに渡した文書は、宣戦布告の意味だったことがわかる。だったら指定の午後一時に手交することがいかに重要だったかわかるよね。だとしたらあの文書は一時に手渡すはずのものであり、事務失態によって約一時間半遅れたことを何としてでもアメリカ国民に伝えなければならない。この時、真珠湾攻撃のことを知ったアメリカの新聞記者が大使館に押し寄せてきた。その記者にいっさい説明していない。だからルーズベルトによって騙し討ちだと言わせるようになった。

さらにはその際、アメリカからハル・ノートを突きつけられたことを言っておくべきだった。これは渡辺惣樹氏の訳したハミルトン・フィッシュの『ルーズベルトの開戦責任』という本で知ったが、多くの日本人も知らないまま、開戦を論じてきた。

宮崎　ハミルトン・フィッシュは戦後まで知らなかった。

高山　そうそう。それで大使館で野村や来栖が、ハル・ノートについてアメリカの新聞記者に一言でも喋っていたらよかったんだ。ハミルトン・フィッシュは、ルーズベルトがハル・ノートのことを知りながらアメリカ国民に何も言わないで戦争に賛成させたのを怒っているわけだ。

あの時、ハズバンド・キンメル提督をなぜ軍法会議にかけなかったか。二千何百人も死者を出したのに、まったく防備はなっていない。あれだけ痛烈な被害を受けたということについて、キンメルは当然、軍法会議ものだった。

それが罷免だけ。なぜか。ハミルトン・フィッシュが懸命に追いかけていくと、ハル・

ノートが実は隠されていた。軍法会議になったらそれを出さなくてはならなくなる。前にも触れたように日本側は新聞発表していて朝日新聞の十二月八日付の夕刊には数行触れているけれど、それをもっと早くもっと大声で世界に公開したら、アメリカの悪意が知れ渡ったはずだ。だから野村や来栖が一言ハル・ノートのことを喋って、その存在を直にアメリカの新聞社に語っていたら、日米戦争はかなり変わった。

でも結果としては日本が緒戦で勝ちを制し、アジアを解放することになった歴史の方がはるかに意義の高いものだと思う。

宮崎　本省による最後通告の修正電というのがあって、それで清書が遅れたという説が最近出てきた。最後通告の修正のため仕上げが遅くなったのは事実なんだけど、本省がその訂正電を意図的に遅く発信して、意図的に指定時間に手交できないよう仕組んだのではないか、という説だ。もちろん、そういうことはない。たとえ仮にそうだとしても、いまここで高山さんと話し合ったことはすべて大使館の機転によって解決できることだよね。それが実行されていれば問題は起こらなかった。

高山　そういう無能が、あの戦争を原爆投下まで続けさせる原因になったのかと思うとやりきれないよ。

第三部

戦後政治と歴代首相

1 アメリカの言いなりになった外務省

宮崎　第二部では、日米開戦に当たって、外務省がいかにお粗末であったか。そしてそのお粗末がいかに戦禍を大きくしたかということを見てきました。

この第三部では、戦後の話に移りましょう。日本は昭和二十（一九四五）年九月二日に、戦艦ミズーリ号の上で降伏文書に署名して正式に降伏し、占領軍の指揮下に入るのだけれど、占領軍は最初、軍隊と同じように外務省もつぶすつもりだった。アメリカから見た時、外務省には明らかに戦争を起すことに関与したという開戦責任があると見ていたからだ。

高山　そりゃそうだよね。少し前に戻れば、大正四（一九一五）年、大隈重信の内閣の時、袁世凱の口車に乗って、あえて強硬に押し付けているかのように装って、対支二十一か条要求を出した。

それから昭和六（一九三一）年の満洲事変にかかわって、昭和八（一九三三）年に国際連盟を脱退する。昭和十一（一九三六）年、日独防共協定だ。昭和十三（一九三八）年には「国民政府を対手にせず」のいわゆる近衛声明。そして、昭和十五（一九四〇）年の日独伊三国同盟。そして極めつけが真珠湾攻撃による無通告開戦だ。アメリカから見たら外務省の戦争責任は明白だ。

宮崎　終戦時にアメリカ国民は、無通告の真珠湾攻撃はワシントンの日本大使館のミスによって起こったことを知らなかった。日本が初めから計画的に無通告で攻撃したと思い込んでいた。

高山　だから外務省が廃止の対象になるという口実にはなりえた。陸軍や海軍と同様に。米国はキューバやフィリピンを支配した経験から、統治手段として、まず外交権を取り上げようと考えていたフシもある。日本はそこまでは譲らなかった。

宮崎　九月二日、ミズーリ号の上で降伏文書に署名が終わったのは午前九時すぎ。この日の午後、占領軍は、「日本国民に米軍票を使用させ、日本の裁判所を閉鎖し、米国軍事法廷で一切の裁判を行う」という布告を公表すると通告してきた。直接占領をする、つまり軍政を敷くということだ。

高山　受諾したポツダム宣言の前提と違うじゃない。

宮崎　慌てた日本政府を代表して、重光葵《まもる》がマッカーサーに直接談判して事なきを得た。つまりは占領軍の占領政策はいったん日本政府に発し、日本政府がその指示のもとに占領政策を進めるということ。間接統治である。

重光という人は、まだ歴史的評価がされていませんが、かなり能力の高い、それこそ歴史的な危機を管理できる稀有の人物だったと思います。

高山　重光の談判は迫力があったらしいね。で、外務省解体の話は？

宮崎　間接統治となると、日本政府と占領軍の窓口が必要だということになる。そうすると日本には潜在的には主権が残っているということから、一種の外交として、占領軍との交渉は外務省の仕事とするのがよいということになる。その方が日本国政府のメンツも立つということになる。でも占領軍との交渉をすべて外務省に任せるというのは、その能力を危惧してね、従来からあった不信感ね、日本政府内部に異論が出てくる。

高山　日本政府から見れば、占領政策の実施ということでは、外務省が窓口になってすむ問題ではない。もっと広範な交渉が必要になってくる。

宮崎　だけど結局、外務省は解体されず一応、窓口ということになって残ることができた。

高山　このようにして占領軍のお目こぼしのような形で残った外務省は以後、占領軍の忠実な犬になっていくわけだ。

宮崎　そう、それだけではなく、不思議だけど占領軍の支配下で外務省中枢に居残り続けたのは、日米開戦に最も責任のあるドイツの大使館にいたキャリア組と、アメリカの大使館にいたキャリア組なのです。

高山　杉原千畝《ちうね》なんかのノンキャリアは追放されていく。この話、読んだことがある。杉原がいれば、ロシア語に堪能であり、ソ連の情報を取るのにも役立ったし、ユダヤ人を助けたこともあってユダヤ系が握るロイターやAFPなどの情報も得られる。だけど、その分無能なキャリア組にとっては、危険な存在になるから真っ先に追放した。GHQにしても情報を遮断して日本人を愚民化していくのに大いに邪魔になる。だから黙認した。

宮崎　占領解除前後に、駐独大使館や駐米大使館にいたキャリア組はみんな出世する。日米開戦時の真珠湾攻撃の際、最後通告を時間通りに手交できなかったことの責任者井口貞夫は昭和二十六（一九五一）年の講和条約締結の際の外務事務次官。タイプを打たないで遊びに行った奥村勝蔵は占領解除後にやはり外務事務次官になる。

　駐独大使館にいた外交官で責任を取って自ら身を引いたのは大島浩だけ。もっとも大島は根っからの外務省キャリア組ではなく、陸軍出身でした。

高山　こうした連中がアメリカ軍の言いなりになった。なったからこそ中枢に残れた。戦争責任があるからこそ、この二つの大使館のキャリア組は結束し、なおかつ占領軍の言いなりになる。彼らが結局、アメリカの犬になる。戦後の日本の外務省の原形をつくったんだ。

簡単に言えば、占領軍の押し付ける自虐史観を国民に流し込む、アメリカのエージェントとも言えます。昭和六十（一九八五）年だったか第二次中曽根内閣で、小和田恆《ひさし》外務省条約局長は、サンフランシスコ講和条約で日本は東京裁判を受け入れているから、日本は永久にハンディキャップ国家だと国会で言った。

宮崎　「裁判」は誤訳、正確には「判決」だ。つまりは判決に基づく刑の執行を請け負ったわけだ。

確かにサンフランシスコ講和条約で、東京裁判に対して再審を求めるなど異論を唱えることはできなくなった。しかし講和条約というのは、戦争状態を終えて対等な主権を回復するということでしょう。

回復の際に、戦争状態の中であったことに異論をさしはさめないということはあっても、歴史認識では拘束されるわけではない。日本は東京裁判の歴史認識に拘束されているはずがない。何ゆえに法的に解釈しても成り立たないような、バカなことを言うのかね。

高山　それを認めている内閣法制局がいけない。内閣法制局というのは、いまは左翼の巣窟みたいになっちゃった。まるで「聖職」だ。

戦前は単に「法制局」といってすこぶる権威のある政府の機関だった。万人を納得させる法理論を展開させていた。これが占領下で占領軍と衝突することになる。特に占領軍と対立する意図はないけれども、筋を言うものだから占領軍が怒って解体した。昭和二十三（一九四八）年のこと。そして占領軍のイエスマンばかり集めて別の組織をつくるんだよね。

占領解除となって、昭和二十七（一九五二）年に再度「内閣法制局」として復活するんだけど、もうかつての法制局じゃない。腰抜けばかりが集まっているのが新しい法制局です。

思い出すよね。この前の安倍内閣で、集団的自衛権で憲法九条の政府解釈を変更しようとしたら、歴代の法制局長官がみんな反対した。彼らは第九条の解釈にかかわって、一番大切なのは我が国の安全をどう守るかということなのに、それに対する配慮はまったくしないで、文言の解釈ばかりをしていた。滑稽極まりない状況。これがまさに「法匪《ほうひ》」ってやつでしょう。

宮崎　ずばり言って内閣法制局なんて要らないいんじゃないの。

2　国より閨閥が大切な外交官たち

高山　外交官試験は平成十二（二〇〇〇）年実施を最後にして廃止されたけれど、先の日米開戦で「最後通告」をキャリア組でタイプできるのは一人しかいなかったということなどを見ると、外交官試験もさりながら、以後の育成教育がまったくなっていない。

森喜朗内閣の時じゃないかな。外交官試験というのが国家公務員試験に吸収された。それまでの外交官試験は、大使が受験生を審査した。しかし、受験生の中にかなりの人数の大使の息子がいる。だいたい一回に二五人くらいが採用された。後に英米とかの一流国大使になる上級職に当たる人たちだ。ところがその二五人のうちの五人は確実に大使の息子枠なんだよ。

それで残りの二〇人はどうするかといったら入省後、大方が大使の娘を嫁さんにする。だから外務省の上の方は、学問でも門閥でもなくて、閨閥つながりと言ってもいい。これは冗談みたいな話だけど、外交官が死にましたという葬式で、全部親族席に座るっていうんだ。

宮崎　となると一般席はほんのちょっと。

高山　一般席はなし。ないんだよ。つまり外交問題は常に息子の職場の問題であり、女婿の問題になる。だから事を荒立ててはいけないわけ。相手国と事を構えたりしたら、息子はそこに駐箚《ちゅうさつ》大使として行けないから。

宮崎　私、前から言ってるんだけど、外務省と防衛省を入れ替えたらいい。国を思う人たちと、国よりも自分たちの血族関係が大事な人たちと入れ替える。

高山　なるほどいいアイデアだ。感覚が全然違うんですね、普通の国民と。

宮崎　そのうえ、自虐史観にどっぷりつかっていて話にならない。

高山　そうそう。だから、気迫に満ちた交渉を行った外交官がほとんどいない。あれは一九七三年三月だ。PLOのテロ組織「黒い九月」がスーダンでサウジアラビア大使主催のパーティを襲った。彼らはイスラエルに捕らえられた仲間の釈放を要求し、パーティに来ていた米大使クリオ・ノエル・ジュニアに同顧問ジョージ・ムア、ベルギー外交官ギー・アイドを次々処刑していった。

ノエル大使は処刑前、妻に別れを言い、息子に「私に代わって母を大切にしてほしい」と告げ、裏庭に向かった。しばらくして数発の銃声が聞こえたと家族は語っていた。

その翌年の二月、「PFLP」は日本赤軍と協力してクェートの日本大使館を襲った。口の軽い日本赤軍兵士が捕まっていた。その釈放を求めてのテロだった。

その時の大使が石川良孝で、彼は女性の更衣室に逃げ込んで震えているところを見つかって、引きずり出される。

外務省に電話してきて「助けてくれ、殺される、殺される」と、もう震え声で命乞いをして、結局、日本はテロリストの言葉を全部飲んで彼は助かる。一方のアメリカ大使は臆することのない態度で処刑されている。石川良孝は戻ってきて出世している。これも外交官試験と縁故の関係。外務省は日本のために外交をやっているんじゃないんだ。

宮崎　神経が違うようですね。平成八（一九九六）年、ペルーの大使公邸が襲われて、青木盛久大使が救出された時に、天皇陛下の写真ではなく、橋本龍太郎の写真を持って出てきた。「おかげさまで事件は解決しました」と。橋本は何をしてたかというと、外務省本部に毎日、アンパンを届けただけじゃない。あいつはあだ名はアンパンマンっていうんだけど。

仮にも大使は、全権駐箚大使というのは、天皇陛下の名代であって、首相の名代ではない。

国家のあり方、外交の基本が外務省はわからなくなっている。青木は確かタンザニアに飛ばされたんだけど、森喜朗が首相の時に何かの仕事でタンザニアに行った。そうしたら酔っ払って絡んできて、ぐちゃぐちゃ言ってたと。彼は青木周蔵の曾孫でしょう。

高山　親子三代大使一家だ。大使の息子が大使になれたのはまさに外交官試験のおかげだった。それから、平成十四（二〇〇二）年の中国瀋陽の事件、脱北者の家族が亡命するために日本領事館に逃げ込んできた。支那官憲が領事館内に入り込んで引きずり出す際に、一切関わろうとしなかった。外交官の務めも忘れている。目の前で人がどんなに泣き叫ぼうが殺されようが関係ない。

この事件の時にわかったんだけど、外務省には危機に陥った時、「逃げろ」「対応するな」「抗議は後でする」という行動指針が伝授されているらしい。

宮崎　本当なの？　それでは外交の役割は果たせない。

高山　そうだ。これも言っておかなければならない。

平成四（一九九二）年。モロッコの首都ラバトで岡本治男公使が酔っ払って自動車を運転し、タクシーに追突し、その事故で現地住民を死なせた。当然懲戒免職だよね。だけど、驚いたことに停職一か月。そして、最後にはドミニカ共和国の特命全権大使になっているんだ。これなんか、省内によほど強い姻戚関係があったんだろうと考える。これでは外交官のための外交官であって、到底、日本のための外交官だとは言えない。

宮崎　外交官試験は廃止となったけど、その外交官試験制度のもとで何がなされていたか、外交官の在り方は根本的に検討がいる。そうした負の遺伝子が外交官試験によって親から子へ伝えられていた。

3 外務省の目にあまるノンキャリ虐め

宮崎　にもかかわらず、手柄を立てたノンキャリアを虐《いじ》めるんだよね。その典型が杉原千畝。ユダヤ人を救ったということで、占領期に利用価値があるのに、過員の整理の中に入れて解雇する。

しかし同時に杉原千畝ほど、美化されすぎている外交官もいないんじゃないの。この人が戦後何をやったかというのを見ればわかるわけですよね。戦後、語学が流暢ゆえにロシアに取り込まれて、いわゆるロシアのエージェントになったフシさえありますね。

高山　ユダヤ人救済をやったのは杉原だけでなく、昭和十一年の五相会議の時の東條英機だとか。満洲国経由で上海にユダヤ難民が来た時もゲシュタポのヨーゼフ・マイジンガーが来て、日本人が受け入れたユダヤ人を廃船に詰めこんで揚子江に沈めて処分しろと命じたが、海軍大佐犬塚惟重《これしげ》が追い返している。

日本人は人種差別だとか、ユダヤ人差別とか、やっていない。人としてごく当たり前に対応した。杉原だってまったく同じだったと思う。特に彼だからどうというのではなくて、その任にある者はみんなやった。

宮崎　杉原はリトアニアのカウナス、その前は、ハルビンにあって、ハルビンの特務工作に従事していた。ロシアのエージェントを山のように雇って、ロシアの女と最初の結婚をしたでしょう。裏を知りすぎたんだと思うのですよ。だから逆に言うと佐藤優さんのような切れ者は、外務省の中では出世できない。

高山　一九三八年のオトポール事件もある。逃げてきたユダヤ人が雪のため満洲国境から入れなかった。それを知った関東軍少将樋口季一郎が東條英機の許可を得て助けた。ちゃんとした人はいるわけよ。

しかし、問題なのは、上海の日本租界に逃げ込んだマイケル・ブルーメンソール。彼は日本に助けられた恩を忘れて、いまごろ上海に行って中国人と一緒に日本人に迫害されたと言っている。彼はカーター政権の財務長官をやって、日本に不合理な円高を強要した男として知られている。

宮崎　ブルーメンソールですか？　あれはバローズの社長をやって、バローズの経営をおかしくしたのに、商務長官でしょう、確か。

高山　ケネディの時、通商交渉補佐官をやっている。日本が助けてやったのを忘れ、まるで日本人がユダヤ人を迫害したようなことを言うんだ。彼の言葉をもとに今度、中国が記憶遺産で、「ユダヤ人は我々中国人が助けた」と言い出した。ユダヤ人を保護した場所は日本人が提供した虹橋の日本人学校校舎だ。ここまで支那人もブルーメンソールもよくぬけぬけ嘘をつく。ブルーメンソールのせいで、日本人全体がユダヤ人にものすごく悪い印象を持つよ。

宮崎　何しろユダヤ人はアメリカのマスコミを牛耳っていますから。

高山　不遇のノンキャリ外交官と言えば、昭和六十二（一九八七）年にアブダビを発って、バンコクの近くで爆破された大韓航空機の事件があった。爆薬を仕掛けたのは北朝鮮の工作員で、日本人の父と娘を装った人物。逮捕の際に父親役は毒を仰いで死ぬけれども、娘役を演じていた金賢姫《キムヒョンヒ》は逮捕された。

この時、いち早く事件の犯人を割り出したのは、当時アラブ首長国連邦日本大使館に勤務していた二等書記官。当時の防衛庁から出向していた矢原純一氏。そして実際に犯人逮捕にこぎつけたのは、在バーレーン日本大使館に務めていた砂川昌順という理事官。いずれもいわゆるキャリではない。

この二人が犯人逮捕にこぎつけなければ、極めて巧妙に仕組まれていたから、この爆破事件は永遠に日本人が仕掛けたことになっていた。

しかし、外務省はこの二人に褒賞《ほうしょう》は与えなかった。砂川は結局、外務省を辞めることになるし、矢原は、自衛隊に帰ってからも、外務省の影響があるのか、変な雰囲気があって、自衛隊内で冷遇される。

宮崎 ノンキャリアの功績を認めないのは、キャリアの嫉妬だね。

高山 矢原純一氏の機転はすごかった。アブダビを発っていてバンコクに向かっていて行方不明となった大韓航空機からアブダビで降りた不審な日本人親子がいるのを確認した。その二人がバーレーンに向かったことを突き止めて、バーレーンの日本大使館に調べるよう連絡を取った。バーレーンにはノービザで行ける。世界のどこへでも高飛びもできる。確かに怪しい。

そのあとが砂川氏。二人を確かめ、こっそり夜中に高飛びしようとするところを押さえた。父親役が服毒自殺したのはこの時だ。この二人は日本の名誉を守る大手柄を立てたけれど、どちらもその後恵まれない立場のまま終わる。

そうそう、日本のこころの党の党首などを歴任した中山恭子さんが、平成十一（一九九九）年、ウズベキスタンの大使になった。赴任するとすぐにキルギスで日本人の鉱山技師四名の人質事件が発生した。そして人質は、中山さんの兼務地タジキスタンの山岳深くに連行された。

宮崎 あの時、日本はいくら払ったなんてことは知らないなんて、当時の外務高官は言いますが、金を払ったのは事実ですよ。あの時の日本政府代表はたしか武見敬三参議院議員でしたね。解放されたのはフェルガナ盆地でしょう。キルギスの中のウズベキスタンの飛び地。あの辺は馬の名産地で、フェルガナは名馬の産地です。

高山　そこでね。その山岳地帯に乗り込んで解放にこぎつけたのは、中山恭子さん自身だった。佐々淳行の『私を通りすぎたマドンナたち』（文藝春秋）に詳しいが、彼女はこの時の高橋博史参事官に全幅の信頼をよせて行動した。この時のウズベキスタンの日本大使館の全職員が一丸となって、まさに生命をかけて救出にたどりついた。

だけど外務省のお偉方はキルギスの大使館に待機しているわけ。人質の技師らが解放されるとちゃっかり同行してキルギスまで行き、そこで解放の記者会見をした。

ということは、生命の危機を冒して実際に解放に貢献した中山大使以下、実動したウズベキスタンの館員は、すべて無視された。

宮崎　平成十四（二〇〇二）年、佐藤優氏は国策捜査により、外務省で邪魔になったから追い出されたわけでしょう。佐藤氏はときどき変なことも言うけれども、彼のロシアに在任していたころの情報収集と分析はすごかった。その彼が不透明な金の使い方をしたなどとして逮捕された。国策捜査だね。はっきり言って。

彼がノンキャリアでなければこんなことにはならなかった。

高山　我が産経新聞の斉藤勉が彼と親しくてね。斎藤君があのソ連共産党の消滅という世界的なスクープをやった。それができたのは佐藤優氏のおかげだった。凄まじいほどの努力で正確な情報を集めていた。大した人材です。

4　吉田外交はすごかった——憲法を楯にして日本人を守った

宮崎　話を戦後外交に戻します。まず吉田外交についての評価です。

高山さんの本を読んで、吉田外交についての見解に感心しました。吉田茂は平和憲法を守った、というのは言い訳で、憲法を楯にして朝鮮戦争に日本は軍隊を派遣しなくてすんだ。もしアメリカの言いなりで朝鮮戦争に参加していたら、日本人は先頭に立たされて殺されていたと高山さんは書いている。なるほど、そういう考えがあるのかと思いました。

高山　北朝鮮軍が、突然三八度線を越えて、攻めてきた。それまでは日本が支配していたから朝鮮半島は防共の砦になっていた。日本がいなくなったとたんに朝鮮半島は分断されて、半分は共産化してしまったわけです。

日本人はキリスト教も嫌いだけど、共産党も嫌悪して警戒を怠らなかった。それがアメリカにはさっぱりわかっていなかった。

ダグラス・マッカーサーの部下だったウィリアム・シーボルドが『日本占領外交の回想』（朝日新聞社）という本に、日本にきたら政財官界の人と会うたびに「共産党を警戒するように」と言われたと書いています。日本を占領したアメリカ人は当初、共産主義、コミュニストを別に警戒していなくて、昭和二十一（一九四六）年の第一回普通選挙の時には、共産党員を獄中から全員釈放して立候補させ当選までさせている。

宮崎　宮本顕治も徳田球一もみんな解放した。

高山　戦後第一回の総選挙は、ＧＨＱが本当に得票まで差配したいい加減な選挙だった。女のセックスを男並みに解放しろという加藤シヅエも議会に送り込んだ。まさにマッカーサー・チルドレンで、彼らによって、マッカーサー憲法を承認させた。共産党のほか女性三九人が当選した戦後第一回総選挙はすべてＧＨＱが仕組んだやらせだったと思った方がいい。

宮崎　全員通ったんですか。

高山　全員当選です。加藤シヅエの記録を読むと、ある日、米軍の将校が来て、出馬を要請される。

宮崎　加藤シヅエの亭主は社会党政治家の加藤勘十ですね。

高山　なぜ加藤シヅエに白羽の矢が立ったのかというと、彼女は家族計画運動で産児制限の必要性を訴えていたアメリカのマーガレット・サンガーの一番弟子だったからです。

日本を滅ぼすには、憲法で武器を持たせない、軍隊を持たせない、交戦権もなくす。あと、国を亡ぼすには人口を減らすのが一番いいから、それで女の権利でコンドームをつけろと言って騒いだ。

マーガレット・サンガーは「男だけが遊んでいる。女は遊ぶと身ごもってしまう。これは不公平だ」と言って、各種のコンドームやペッサリーをつくった女性です。サンガーは女も遊べる世界にしようとしていた。

アグネス・スメドレーも一緒でした。男に弄ばれ、結婚すれば赤ん坊の面倒ばかり。それが不満で亭主と子供を捨てて飛び出してきた女です。スメドレーと加藤シヅエはサンガーの下で一緒に女が遊べる社会づくりに励んだ。スメドレーはそのあと上海に行きます。上海に行って、男遊びを実践し、サンガーのところへもっとコンドームを送ってくれといってきた。その発送を手伝ったのが加藤シヅエです。

宮崎　妙に生々しい話ですが、それは何に書いてあるんですか。

高山　そこまで露骨な書き方ではないけれど、一九九七年に産経新聞が出版した『20世紀特派員』という本の中に、「性の嵐」というタイトルで、大阪産経の女性記者が、サンガーと加藤シヅエとスメドレーの奇妙な関係を書いています。

宮崎　スメドレーは誰とでも関係した。たしかリヒャルト・ゾルゲとも関係があったでしょう？

高山　尾崎秀実ともやっている。その時に使ったのがサンガー印のコンドームだったんです（笑）。

ＧＨＱは日本人という民族を消滅させるつもりだった。白人に敵対する黄色人種はいらないというのが基本的な考えだから、どうやって日本を消滅させるか、そのプランを米国務省につくらせていた。

一九四五年の四月にフランクリン・ルーズベルト大統領は死にますが、その直前にルーズベルトは、「日本人は四つの島に閉じ込めて滅ぼせ」と言っている。この発言には、スミソニアン国立自然史博物館のヘリチカという科学者が深く関わっています。

ヘリチカは、アジア人の脳みそは遅れていると考える白人至上主義者でした。だから、遅れたアジア人は優秀なコケージアン（白人）とかけ合わせて人種改良すべきだと主張していた。インド人も実はアーリアンだから、インド人と白人の男がアジア女性と交接させて混血させる。アジアの男は強い電磁波の流れる通路を歩かせて無痛で生殖能力を破壊し、去勢するということまでルーズベルトは考えていた。

宮崎　チェコ出身のアレッシュ・ヘリチカですね。

高山　そうです。スミソニアン国立自然史博物館に40年勤務していたヘリチカが、ルーズベルトの対日観を決めていたんです。アジア人は白人と交接させて改良しろというのが彼の主張だったけれど、日本人だけは除外せよ。なぜなら日本人の頭蓋骨の形が二千年遅れているから、混血政策から外して四つの島に閉じ込めて滅ぼせと言っている。

宮崎　インディアン殲滅作戦と似ていますね。

高山　実際、彼らは日本人をインディアンと同じに見ていた。黒人は奴隷としてむちで従わせる。しかし、インディアンはモンゴロイドだからものすごく頭がいい。だからインディアンを殲滅した。これは冗談ではなくて、本当は生物学的にはモンゴロイドのほうが白人よりも進化しているというのが定説です。

彼らからトウモロコシの種をもらっても、白人は馬鹿だから育てられない。インディアンから懇切丁寧に教わって、全部学び終わってから、白人たちはインディアン殺しを始めた。インディアンは全部殺す、淘汰する。その延長線上に日本人がいるわけです。

では、どうやって滅ぼすか。第二次大戦の時には、支那を使う作戦だった。アパッチをやっつけるのにチェロキーを抱き込んでアパッチにぶつけるという、インディアン掃討作戦とまったく同じ手法を使った。そして、最終的にへろへろになったところを白人がやっつける。そういう流儀でやった。

宮崎　そういう考えはルーズベルトの後継者であるハリー・トルーマン大統領にはどの程度伝わっているんですか。トルーマンは日本への原爆投下を許可した大統領ですね。

高山　トルーマンはルーズベルトの日本人絶滅プランを実行に移しただけ。トルーマンのアドバイザーはオーウェン・ラティモアです。オーウェン・ラティモアは、「日本をつぶすならカルタゴの平和だ」と言っています。

5 戦後日本の占領政策は「カルタゴの平和」そのもの

高山 カルタゴは第二次ポエニ戦争のザマの戦いでスキピオに撃破される。敗れたハンニバルが呆然としている間に、ローマはカルタゴに降伏条約を突き付けた。その十か条の降伏条約の中には、武器、とくに軍船の放棄と軍象部隊の放棄、それと交戦権、自衛権の放棄という条件が入っていた。

宮崎 アメリカが、戦後日本につきつけた非武装化政策ですね。カルタゴでもひょっとして平和憲法もあったりするんじゃないですか。

高山 まったく同じです。もう一つが農業化政策です。カルタゴは地中海交易で生きてきた海洋国家なのに、海外との交易を禁止して農業に転換させる政策をとった。イベリア半島のカルタヘナなどたくさんあったカルタゴの植民地を全部没収した。軍象も軍船も放棄させられた。植民地をすべて取られ、非武装国家にさせられた日本とまったく同じです。

それから五十年ぐらい経って、隣国のヌミディアが攻め込んできた。当然、カルタゴは自衛のために戦った。それに、ローマがつけこんだわけです。

宮崎　ローマは執念深くカルタゴを狙っていた。マルクス・ポルキウス・カトーが、演説するたびに「カルタゴはぜいたくなイチヂクを食べている。植民地の分際で！　ともあれカルタゴは滅ぼすべきだ」と必ず最後に付け加えたという逸話が有名ですね。

高山　そう。それでローマの許可なしに自衛権を発動して交戦したと難癖つけて、それを口実に第三次ポエニ戦争をやって、首都のカルタゴは完全に灰燼に帰した。最後には念をいれて塩をまいて草も生えないようにした。生き残った人々は全部、奴隷として売られた。それが「カルタゴの平和」です。

スキピオが出した降伏条約の中には、カルタゴの貴族たちの子弟は、全員をローマに留学させるというものもあった。これも戦後の日本統治とまったく同じです。

宮崎　似ていますね。フルブライト奨学金でしょう?

高山　さらに農業化と言って、ＮＨＫに「新しい農村」というラジオ番組をつくらせた。

宮崎　一九六三年からは「明るい農村」になる。いまでも焼酎の銘柄で「晴耕雨読」というのがありますよ。

高山　日本は工業国だから、農業依存度はそんなに高くない。農業人口は五％ぐらいじゃないですか。

宮崎　いまは一％ぐらいですが、第一次の漁業と林業も入れたら、もうちょっとあったと思うけれど。

高山　いま漁業は四〇万人。林業はほとんどゼロに近い。農業も表向きは八〇〇万人と言っているけれど、農水省は年間に一時間働いても農民に数えています。実質はもう二〇〇万人いるか、いないかです。

　僕が中学一年か二年だから、昭和三十一〜二年で売春防止法は制定されたもののまだ施行されていなかったころですが、その時に全国共通の模擬テストがあって、農業人口は総人口の何パーセントかという問題が出た。三〇％、一五％、五％と三択があって、僕はそんなに多くないと思って五％と答えた。そうしたら、僕だけが一〇〇点満点だったからよく覚えている。農業人口はあの時でも五％だったんです。

　要するに農業国でもない日本に、ＮＨＫが「明るい農村」をラジオで放送していた。ＲＰＯ通信員とかなんとか、横文字の通信員がいて、小麦の収穫をレポートするという内容です。あのころは情報はラジオしかなかったからね。

宮崎　もう一つ、キリスト教の「ルーテルアワー」とか。そういうラジオ放送が堂々とあったんですから。

6　GHQは家族計画と優生保護法で日本の人口減少を画策した

宮崎　二〇一九年の日本の出生数がついに九〇万の大台を切って、八六万人にまで減少しました。まさに日本消滅のために人口減らしをするというGHQのまいた種が、いまごろ咲いてきたということですね。

高山　そうです。加藤シヅエと社会党の陰謀というか、アメリカに踊らされたというか。加藤シヅエを通して家族計画をやって、「一姫、二太郎」までで、それ以上は産ませないというアメリカの策謀が、戦後七十年にして、やっと花開いた。

昭和二十年にそれまでの帝国議会に憲法草案を飲まさせて、翌二十一年四月の第一回男女普通選挙で、加藤シヅエを始め社会党や共産党員を大量に当選させて一気に平和憲法に変えさせた。要するにGHQのお声がかりの人間を議会に送り込んで、反対するやつはどんどんパージした。

宮崎　レッドパージみたいですね。

高山　レッドではなくて、あの時は保守パージ、大政翼賛会パージで、GHQの方針に従わないものは全部排除していった。そして、あの平和憲法を通す。さらに、いまの八〇万人台になった家族計画も盛り込まれていた。

GHQの公衆衛生福祉局長クロフォード・サムスという陸軍軍医が中心になってサンガーを日本に何度も招いて、加藤シヅエと一緒に家族計画を遊説行脚させた。要するに日本人に子供を産ませない政策です。

そして、日本には大きな家屋敷は合わないと言って、小さなマッチ箱みたいな2DKの団地をつくらせて核家族化させる。占領当初からどうやって日本の人口を減らすかと計画していた。

インディアンが相手ならば、女と子供を殺せばよかった。男だけならやがて滅んでしまう。だから、サンドクリークの虐殺みたいに、男のいない留守に女子供を全部殺す。これは旧約聖書に書かれているとおりの殺し方です。

しかし、戦争が終わった以上は公然とそうはできないから、日本の大家族制がよくない、核家族がいい、要らない子供は中絶していいというキャンペーンを張った。

核家族になれば、小さな2DKで十分で、子供は一人かせいぜい二人がいいという価値観をずっと朝日新聞と加藤シヅエと社会党がリードしていったわけです。

宮崎　なるほど。日本のウサギ小屋のような団地というのは、アメリカの謀略だったんだ。ウサギの住宅は小さくていいなどと吹聴《ふいちょう》して。

昭和二十一年に引き揚げが始まってから、日本の出生数は年間二七〇万人ぐらいあって、それが団塊の世代になる。このベビーブーマーの出現を目撃して、アメリカは人口削減と言ったわけですか。これは後知恵で出てきているんですか。

高山　いや、GHQは進駐して来た早々に家族計画と言っていた。GHQが加藤シヅエを担ぎ出したのは、昭和十年代に加藤シヅエが優生保護法の講演会を開いて、ヒットラーと同じようにだめな子は早くから去勢する、産まないようにするという活動をやっていたので、GHQは進駐直後から彼女に目をつけていた。そういう意味では、「日本のカルタゴ化」を本当に計算ずくでやっていたんだと思う。

昨年、旧優生保護法下で強制不妊手術を受けた被害者に一時金を支払う法律が成立して、安倍首相が被害者に謝罪していましたが、本当は社会党と朝日新聞が謝罪しないといけない。なぜなら優生保護法も加藤シヅエが強力に運動して実現させた法律だったからです。

加藤シヅエは日本のヒットラーですよ。ドイツでもヒットラーが優勢保護政策をやっている。それを加藤シヅエはGHQのバックアップでやった。朝日新聞も一緒になってGHQの言うとおりだと報道した。

宮崎　朝日は本当に題名を変えたらいいんだよね。「赤い、赤い、真っ赤な朝日」ではなく、「アメリカ朝日」とかね。

7　マッカーサーに仁川上陸作戦なんて教えなければよかった

宮崎　アメリカの占領政策は「カルタゴの平和」だった。それを阻止したのが実は吉田茂だったということですね。

高山　そうです。そしたら冷戦が始まって、日本を潰している暇がなくなってしまったんです。

宮崎　冷戦はトルーマン政権の途中からでしたね。

高山　ルーズベルトが一九四五年の四月十二日に死んで、副大統領だったトルーマンがルーズベルトの後を継いで原爆を投下する。そして、八月十五日に終戦です。マッカーサーの占領軍が進駐してきて、滅びの憲法をつくって日本にプレゼントする。

ご承知のようにGHQの中枢にはケーディス始めニューディーラーが多かったので、占領初期は日本を滅ぼしたい共産党は気の合うお友達だった。野坂参三や徳田球一たちが全部牢から出された。硫酸たらして錐で睾丸刺して仲間の小畑達夫を拷問して殺した宮本顕治まで釈放された。

昭和二十五年六月から朝鮮戦争が始まるけれど、その前に冷戦が始まった。共産主義の脅威を日本がアメリカにあれほど忠告してやったのに、GHQは全部無視していた。北朝鮮軍が三八度線を越えて朝鮮戦争が始まる昭和二十五年になるまで共産党の危うさを気づかなかった。五年遅れでやっと防共の重要性がわかってくる。

ジョン・ダレスが一九五〇年六月二十二、三日に吉田のところに、「東西冷戦があるから一緒に戦おう」と言いに来る。吉田は「あなたがたがくれた憲法を守って非武装でいきます」と拒否した。その三日後の六月二十五日に朝鮮動乱が始まるわけです。
宮崎　その時の映像が残っていて、NHKが特別番組をつくって最近放映していました。ダレスが日本に再軍備をしろと言いに来て、吉田が国会で反論演説をしていました。
高山　北朝鮮軍の破竹の進撃に米韓軍はボロボロになって釜山まで追い詰められる。ボロ負けが三か月続いたあとマッカーサーが仁川逆上陸をやってようやく反撃攻勢に出ます。その時に旧日本軍の参謀が仁川逆上陸を献策指導したけれど、あれは放っておくべきだった。もっと痛い目に遭って日本を潰した愚を反省させるべきだった。

8　ニクソンが「平和憲法をつくったのは間違い」と認めた

高山　マッカーサーは、開戦の翌年の昭和二十六年一月の年頭の辞で「巨悪が世界を飲み込もうとする時、日本もともに立ち上がって力を合わせて滅ぼすべきだ」と語った。その前に、「マッカーサー憲法をやめる。あれは全部うそでした」と言えばよかったのに、そうは言わなかった。マッカーサーとしては恥ずかしくて言えなかったんでしょうね。

その時も吉田は平然としてけらけら笑って、マッカーサーの言葉を拒絶した。ダレスが二回目に来て、わあわあ再軍備を要求され、警察予備隊をつくった。そんなものでは朝鮮の戦線に投入できないからアメリカは日本軍の動員はできず仕舞いに終わった。

宮崎　自衛隊になるまでに名前は三回変わっていますね。最初が警察予備隊で、保安隊というのもあった。

高山　この時の吉田茂の判断は、正解だったと思う。それでもアメリカは懲りずに日本軍を再建して米軍の盾に使おうとする。

一九五三年に、トルーマンからドワイト・アイゼンハワー大統領の時代になって、リチャード・ニクソンが副大統領になります。

一九五三年に朝鮮戦争が停戦になって、その翌年の一九五四年にニクソン副大統領が仏印に視察に行った。フランス軍基地、ディエンビエンフーで守備隊のフランス兵と一緒に撮った写真があります。その帰りに日本に来て、日米協会主催の歓迎会の席で「アメリカが日本の新憲法に非武装化を盛り込んだのは誤りであった」と述べている。マッカーサー憲法を捨てなさいという。それで、軍隊をつくらせそれをアメリカが使おう、という意味だ。
そのあと、ディエンビエンフーでヴォー・グエン・ザップ将軍率いるベトナム軍がフランス軍を破る。

宮崎　ディエンビエンフーだって、作戦は日本軍が教えたらしい。こういう歴史の転換といった戦跡には必ず見学に行くことにしていて、その現地にも行きましたが、日露戦争の時に乃木希典大将が、地下にトンネル掘って爆薬を仕掛けて真下からドカーンと爆発させたのとまったく同じ作戦です。表では偽装で戦っているが、毎日地下を一生懸命掘っていた。これは日本とまったく同じ作戦です。ところが、元朝日新聞ベトナム支局長で開高健と一緒に弾丸をかいくぐった井川一久さんは「絶対違う」と言う。井川さんはベトナムファンだからそうおっしゃるのも無理はありませんが……。

高山　そうです、同じ作戦です。僕は一九九一年にヴォー・グエン・ザップに会っている。二時間ぐらい面談して話を聞きました。
最初にヴォー・グエン・ザップが「日本」という言葉を聞いたのは、ファン・ボイ・チャウ（潘佩珠）からだった。ファン・ボイ・チャウは、ベトナムの青年を日本に留学させる東遊運動（ドンズー運動）を推進していた。それでフランス当局に捕まって、ユエに軟禁されていた。ユエの彼の家にみんなが集まってくる。その中にヴォー・グエン・ザップがいたんです。その時にいろいろ日本の話を聞かされた。ただ、共産党員だからフランスから共産党の雑誌が送られてきていて、それを黒板の裏に隠してみんなで回し読みした、と言っていました。

宮崎　フランス語を読めたんですか。

高山　ベトナムは仏印でしたからフランス語が公用語だったので、フランス語は読めた。ヴォー・グエン・ザップは日本人とはわかり合っているんだと言っていました。ルイス・アレンの『日本軍が銃をおいた日』（早川書房）という本があります。その中に、日本軍が降伏した後、日本軍を慕っていたベトナム人たちが民兵組織をつくったとある。それが「モッハイ」と言うんです。「モッハイ」はベトナム語で「1、2」という意味で、日本人が「イチ、ニ、イチ、ニ」と行進するのを見て、自分たちの軍隊を「モッハイ」と名づけた。敗戦後も、カプ・サン・ジャックあたりに日本人の収容所がありましたが、そんなところで交流があったんです。

それで、ベトナムの民兵たちが蜂起する。フランス人や駐留してきた英国軍に夜襲をかけてすごい被害が出た。当時東南アジア地域連合軍（ＳＥＡＣ）総司令官だったルイス・

マウントバッテンの回顧録を読むと、「降伏日本軍を再武装させて銃を持たせて、フランス軍などの駐屯地の周りに歩哨として立たせた」とある。もし民兵たちが攻めてくれば、日本軍に交戦させる気だった。

でも、日本軍は自分たちが解放したベトナム人をやっつける理由も何もない。ルイス・アレンの言葉を借りると、「日本兵たちは銃を持ってぼうっと星空を見ていた」というんです。「そして日本軍の歩哨の足許をベトナムの民兵たちが這って抜けて、フランス軍や英軍を襲撃した」と報告している。

日本兵は白人の手先にならなかった。「殺すなら殺していってくれ。おまえらの国づくりのために協力してやる」と日本人は無防備で立っていた。ベトナム民兵も日本軍歩哨を殺すことはなかった。日本人とアジア人の間に連帯意識があったとマウントバッテンも口惜しそうに書いている。それで、フランス側も頭に来て、また日本軍を武装解除する。

宮崎　たしか日本兵は一〇〇〇人ぐらい残って、独立戦争を支援しているはずだけれど。

高山　ベトナム独立に協力した日本兵はいましたが、慰霊碑に刻まれた名前がベトナム語だったので、個人の特定まではなかなかできないみたいです。

9 一番のワルはライシャワー駐日大使だった

宮崎　吉田の業績に急いで戻りましょう。明治百年の一九六八年ころに吉田茂外交がすごくもてはやされて、軽武装で経済外交に専念するという吉田の外交方針を「吉田ドクトリン」と言うようになった。しかし、吉田茂はそんなことは言っていない。吉田ドクトリンなどというものは存在しない。

それがいまになったら、あのチャンスに憲法を変えなかった吉田は無能だという評価になってくる。

高山　吉田茂の外交の最大の功績は、アメリカが何をどう言おうと「おまえらが押し付けた憲法じゃないか」と平和憲法を楯にして、日本が朝鮮戦争やベトナム戦争に巻き込まれる危機をうまく乗り越えたということでしょう。

アメリカ側の言いなりになって下手に再軍備していたら、アメリカの手先として朝鮮半島で何万人か死なせ、ベトナムでは最初の陸軍部隊として放り込まれたかもしれない。戦前はアジア解放に力を尽くした日本軍が戦後は米軍の手先になって彼らを叩きにきたでは、先の戦争で散った日本軍に申し訳もたたない。日本人としてもやり切れない。アジアからは疎まれ、白人からは使い勝手のいい消耗用軍隊となるところだった。吉田茂はそれを阻止したんです。

さっき言ったニクソン副大統領が日本にきて平和憲法を変えろとなぜ言ったかというと、彼がディエンビエンフーからの帰りだったからなんです。朝鮮動乱は終わったけれども、ベトナムが泥沼化しそうになっていた。

宮崎　切迫していたんだ。

高山　そう。朝鮮動乱で米兵は三万六〇〇〇人ぐらい死んでいる。そして、ベトナムで火が点いたから、今度はベトナムに派兵しなければいけないというので、日本に再武装を迫ったんです。

宮崎　ベトナム戦争に日本人を使おうとしたんですね。ただ、ニクソンの回想録には書かれていないけれども。

高山　そんなこと正直に書くわけもない。ディエンビエンフーの帰りに来て、「平和憲法は間違っていた」と言うのですから、意図ははっきりしています。

　アレクシス・ダデンというコネチカット大の歴史学の女性教授がいます。ハワイ大学のハーバート・ジーグラーが米国の教科書に慰安婦を天皇からの贈り物だと書いて、日本の外務省が文句を言った時に、それにアメリカの歴史学者たちが抗議しましたが、その時の中心人物です。

　彼女がこう言っている。一九六一年に、エドウィン・ライシャワーが駐日大使として赴任する。ライシャワーは日本を再軍備させようとしたが、吉田茂を始め日本側の首脳が言うことを聞かない。そこで、どうするかとなった。

　ダデンの説明では、韓国と日本の関係を正常化させて、日本から金を出させて、韓国兵をベトナムで使おう、という工作をやった。それが一九六五年の日韓基本条約だと彼女は言っている。この条約をもとに日本は韓国に有償無償合計で五億ドルを出している。その代わりにベトナムに韓国兵が出ていった、ということです。

宮崎　韓国が朝鮮人戦時労働者の賠償問題でよく指摘するのはそれですね。日韓基本条約は、当時の国際情勢の中でアメリカに言われて結ばれたものだから、条約は不当だと言っている。

高山　ライシャワーが一番のワルでしょう。日本はお金を出す代わりに、兵隊を出さないですむようにした。あの時に再武装すればよかったと言う人もいるけれど、ベトナム人は日本を見習って国を開いて、自分たちの国をつくってあれだけの戦争をやっているのに、今度は日本軍が白人の手先になってベトナムに来たら、それは怒るよ。

ベトナム人がまだ日本と心を通わせているのは、日本が一度も敵に回らなかったからです。日本が再軍備をしてベトナム戦争に参戦していたら、それこそ終わりだった。

吉田茂はそういう目先の再軍備に踊らされなかった。冷徹に白人国家、言ってみればアメリカの意図を読み悪意を見抜いていたんじゃないかと思う。だから、アメリカの下での再軍備を避け続けた。

そして、一九六〇年代の後半になって、吉田もそろそろ憲法を改正してもいいだろうと言い始める。そこから憲法改正の論議をするにしても四、五年はかかる。そのころになればベトナム戦争が終わっている。今度こそ日本を元の誇りある国に戻す軍隊をつくろうというワケです。だから、その時点で明確に憲法改正に舵を切っておけばよかったけれど、日本は池田勇人の時代に入っていて、所得倍増計画に邁進し始めていた。

宮崎　吉田が憲法改正を言ったのはもうほとんど最後のころですよ。日本経済新聞から出した吉田の「私の履歴書」だったかに書いていますね。

高山　吉田ぐらい冷徹に白人の悪意を見ていた首相はいないんじゃないか。

宮崎　それは、要するに「もの言わぬ外交力」という感じですね。

10　日本はグアンタナモだらけの国

宮崎　岸信介さんに時代を移せば、岸さんの功績は日米安保条約の改定です。岸さんの外交は完全な対等ではないけれども、より対等に近い安保条約に改定したというのは、外交上の貢献と見ていいと思います。

高山　日米安保条約改正は、キューバを考えるとわかりやすい。キューバはアメリカの脇腹に突き付けたナイフみたいなところで、だから抑え込んで外交権まで奪った。キューバの民が再起してアメリカ軍を追い出そうとしたらすぐに反撃できるようにグアンタナモ基地を置いていた。日本もまったく同じ事情で、日本が完全独立してアメリカに盾つく気配が出たら、すぐとっちめられるようにアメリカが基地を置いている。

首都東京のすぐ後ろに横田や厚木があるのは速攻して首都を制圧するためだ。要するに日本は、グアンタナモだらけなんです。

そのキューバを近隣のハイチやドミニカが攻めたとしても、米国は黙って見ているだけ。それが最初の安保条約当時の日本の状況だったわけです。米軍基地は日本が再起し独自に動き出さないようにする見張り所で、日本を守るためじゃない。おまけに憲法で丸裸にしている。だから、せめて外敵が攻めてきた時ぐらいは防いでくれよというのが岸の安保改正だったわけです。

昔、アメリカの太平洋戦略における彼らの戦略中枢線は、ハワイ、グアム、フィリピンのラインでした。しかし、沖縄のほうがよりセンシティブなポイントだから、アメリカはフィリピンを捨てて、ハワイ、グアム、沖縄に変更した。自分たちの都合でそうして、沖縄のバックアップ体制として、通信傍受用の巨大アンテナである象の檻も青森の三沢基地の近くにつくった。

ビル・クリントンが中国へ行く時に、無断で三沢を使っていました。いくら給油のためのテクニカルランディングとはいえ、「日本に来たならちゃんと挨拶してから行けよ」と言いたくなる。

宮崎　トランプも日本に来る時は、横田基地に降りるのが多いですね。横田基地も、まだ返還されていません。

高山　横田はアメリカの玄関口ですから。横田から六本木まで通勤ヘリがあります。六本木のすぐ近く、昔、二・二六事件を起こした麻布三連隊の裏にヘリポートがある。そんなところに横田直通コミューターを持つなんて実に主権国に対して失礼な話ですけどね。

宮崎　昔のヒルトンホテルの後ろの山王ホテルは、完全に治外法権でした。それがいまは広尾に移ってニュー山王ホテルになっている。いまも日本人はパスポートを見せなければ、あそこには入れません。しかもニュー山王ホテルの中で流通しているのはドルです。だから、日米安保条約をもう一回改定しなければいけない。岸首相は国会をデモ隊に包囲されて反対された。しかも、日本はアメリカに対して発言権ゼロだった。だから岸さんには外交力があったという評価になる。

それが佐藤栄作になると何を評価したらいいんでしょうか。何もないでしょう？　沖縄返還ですか、非核三原則、あるいは武器輸出三原則。

高山　沖縄返還は格好だけは沖縄を取り返したということですね。基地は残して施政権だけを返還した。

宮崎　アメリカはもう施政権を返したくてしようがなかった。

高山　そう。沖縄市民が箸にも棒にもかからなかったからですね。

三代目の高等弁務官で来たポール・キャラウェイが、とにかく沖縄を日本人もうらやむ別天地にしようと言って、沖縄にものすごく投資をした。医薬品もどんどん投入した。そういう資金が琉球銀行などに行くんですけれど、いっこうに発展しない。

で、キャラウェイは、琉球銀行を始め大手の銀行、保険会社を強制捜査してみたら、銀行の幹部たちが資金を全部ポッポしていた。沖縄の両班《ヤンバン》階層だけを潤していた。で、琉球銀行の幹部の首を全部挿《す》げ替えた。あと、医薬品の流れもトレースしてみたら、本土に闇で売られていた。ストレプトマイシンなどが全部流れていた。

キャラウェイはぶち切れて、「沖縄に自治などは神話だ」と言った。おまえらは腐った両班だと見離した。それで、基地は残して、施政権だけは、つまり、民だけは返すということになったのが沖縄の施政権返還です。軍事基地としてはフィリピンよりもはるかに沖縄のほうが有効だからです。ただ、いまは中国がグアムにも平気で届くミサイルを持ってしまったから、状況がちょっと変わってきました。

いずれにせよ、沖縄は重要視しているが、民はもういらないというのが、佐藤栄作の時の沖縄施政権返還でした。翁長雄志や玉木デニーなどの振る舞いを見ていると、キャラウェイの言葉がすごく的を射ている気がしてくる。

宮崎　沖縄返還が昭和四十七（一九七二）年ですから、もう半世紀近く前です。二〇〇二年に沖縄振興開発特別措置法が廃止されたあとも沖縄振興特別措置法に改定されてまだ生きている。騒げばまたお金をくれるというので、歴代知事は騒いできた。たかり根性が染みついちゃった。

高山　佐藤栄作が、憲法を改正して日本の自立を目指そうとした時に、アメリカが強くブレーキをかけてきた。そのために使われたのがノーベル平和賞でした。返還された沖縄の核について佐藤栄作が野党の教条主義を躱《かわ》すためにふと非核三原則を口にしたら日本の核保有を恐れるアメリカがこれ幸いと佐藤栄作にノーベル平和賞をやった。これで日本は絶対に核を持てなくなったとでも思ったのだろう。それにしてもヘンリー・キッシンジャーにノーベル平和賞を出すぐらいだから、ノーベル平和賞はものすごく政治的です。

宮崎　佐藤栄作のノーベル平和賞は非核三原則が受賞理由でしたね。

高山　そうです。いま言ったように「核を持たない、持ち込ませない」みたいなことを言ったので受賞した。しかし、あのノーベル平和賞のおかげで、また日本は憲法改正からも核武装化からも遠のいてしまった。

宮崎　武器輸出三原則も佐藤じゃなかったんですか。

高山　あれは三木武夫ですね。対共産圏輸出規制委員会のココムの取り決めで共産圏には武器輸出できないというのを、どの西側諸国にも出してはいけないと言い出したんです。バカな宰相は多いけれど、三木はとびきりバカだった。

11 中国・韓国に歴史戦でおもねった政治・マスコミ・外務省

高山　三木もバカだったけど、その後も悲惨なくらい酷かった。

昭和五十七（一九八二）年、日本の歴史教科書が「侵略」を「進出」に書き換えたという日本の新聞記者の誤報に対して宮澤喜一官房長官が談話を出した時の総理は鈴木善幸でした。近隣諸国条項というおまけまでつけるという大失策でした。

宮崎　教科書誤報事件の時の騒ぎはすごかった。あれは高校歴史教科書の検定で、当時の文部省が「侵略」を「進出」と書き換えさせた例はないのに、マスコミが一斉にそんな書き換えをさせたと誤報した。

高山　文部省の記者クラブで検定結果を分担して調べていた時、記者としては練度の低いテレビ系の記者が間違えて「侵略」を「進出」に書き換えさせたと報告した。それで一斉に誤報しちゃった。六月二十六日だったかな、誤報は。そしたら、丁度一か月後の七月二十六日、中国が尻馬に乗って抗議してきた。

宮崎　後に社会党の委員長となる土井たか子が中国を焚きつけたという説もありました。

高山　それでさらに一か月後の八月二十六日、宮澤喜一官房長官が「アジアの近隣諸国の友好、親善を進めるうえでこれらの批判に十分に耳を傾け、政府の責任において是正する」といういわゆる官房長官談話を出した。

　だけど、大もとの「侵略を進出に書き換え」は誤報だった。しかもこの時、問題なのは、政府は誤報だと知っていたことだ。文部省はこうした書き換えの事実があるか当然調べた。そうしたらなかった。そのことが七月初めにはすでにはっきりわかっていた。

宮崎　にもかかわらず、政府は「政府の責任において是正する」という官房長官談話を出してしまった。

高山　ふざけた話だよ。何を是正するの。

宮崎　この時、宮澤談話を出させるように政府を主導したのは外務省。文部省が誤報であると発表しようとするのを抑えて、官房長官談話を出させた。話は突拍子もなく米国のドナルド・トランプに飛ぶけど、彼は米国教育省の廃止を提言しています。教育を悪くした元凶だと。日本におきかえると文科省を廃止せよ、と言っているわけです。

高山　日本でもそういう提案があって当然みたいなケースは山とある。でも、その上にいる首相も愚か者ぞろいだった。当時の首相の鈴木善幸は到底、首相の器ではなかったし、宮澤も愚かだった。それに外務官僚のバカが重なった。幣原喜重郎の戦後版だね。なぜ誤報なら誤報だと言って解決できなかったのだろう。

宮崎　教科書問題はさらに悪い方向へ発展する。外務省は教科書誤報事件のあと、反省しているかと思ったら、少しも反省していなかった。昭和六十一（一九八六）年ね。原書房の高校歴史教科書『新編日本史』をめぐって外交問題が起きた。

高山　朝日新聞が焚きつけたあの事件ね。五月二日だったたね。検定合格直前にあったたんだけど、まだ検定合格の発表のない時に、この教科書についてスクープ記事が出る。

検定合格の発表は五月十日だったんだけど、スクープ記事の反響に押されて、まず文部省が検定合格済の教科書に修正を加える。

そして六月四日だよね。中国外務省がこの教科書に対して非難声明。七日には韓国も批判を始める。批判の中身は、日華事変を侵略戦争にしろとか、南京事件について「南京大虐殺」と書けとか。朝日新聞の焚きつけ通りだ。

この時の首相は中曽根康弘だった。何と中曽根は海部俊樹文部大臣に修正せよと指示するんだ。中曽根がだよ。

原書房の社長はとうとう北京に行くことになった。この時、外務省の藤田公郎アジア局長は、この社長に何と言ったと思う？

「戦後四十年、中国やアジアで重ねてきた外交努力が水泡に帰すから」と言って検定申請を取り下げるよう言ったんだ。

宮崎　それが外交ですかね。どこの国の外交がそんなバカなことをするんでしょうか。

高山　それで、原書房は申請を取り下げなかった。そしたらどうしたと思う？

外務省は修正箇所を指して、そこをこのように直せと、修正文を出してきた。本来、修正文を示して修正を指示することは文部省の検定としてありえない。にもかかわらず外務省は命じてきた。
その時の文部省は弱いよね。ありえない修正なのに外務省の指示を受け入れて三〇項目にわたって教科書の修正を指示した。当然、原書房やこの教科書の執筆者は抵抗する。文部省と激しいやり取りの後、七月四日の午前五時、決着したという。

宮崎 つまり、日本は教科書づくりで中国や韓国の指示によって修正したのだから、教科書については中国や韓国の属国になったというわけだ。ひどい話です。教育の主権を中国や韓国に譲り渡したということになる。

高山 七月七日、この教科書をつくった国民会議、いまの日本会議の中心母体だけが記者会見し、「教科書を外交取引の具にして、主権を放棄した」と批判した。当然だ。

宮崎 こんな外務省を抑えられなかった中曽根も悪い。中曽根個人はこの教科書を評価していたらしいけど、やったことを見れば、日本を売り飛ばしたと言われても仕方がないでしょう。だから平林たい子がその昔、中曽根を評して「カンナ屑《くず》より軽い」と痛烈に批判したことを想い出しましたね。
この時の官房長官が後藤田正晴。これが一番悪い。中国、韓国の批判が内政干渉に当たるとしながらも「はねつけることはできなくなってきている」と言って、この干渉を全面的に受け入れた。

いささか溜飲が下がるのは、この時、この教科書の制作に嚙んでいた、元国連大使の加瀬俊一氏の言った言葉でした。外務省のアジア局長が中曽根首相も申請取り下げの意向だと言って、この教科書の制作に関係していた加瀬俊一氏のところに行って、検定申請を取り下げてくれないかと頼んだ。この時、加瀬氏は叱って言った。

「外交とは外国の気持ちを推し量るだけでなく、日本の国民の気持ちも考えるものだ」と。

高山　外務省の役人どももよく嚙みしめてほしい言葉だね。

宮崎　教科書問題はまだ終わらない。平成八（一九九六）年、中学校の歴史教科書に一斉に従軍慰安婦の強制連行のことが載った。吉田清治が創り、朝日新聞が三〇年喧伝してきた嘘話だ。

ありもしない、この不名誉な記述に憤激した国民が、翌年一月「新しい歴史教科書をつくる会」を結成した。この「つくる会」が日本の名誉を回復させるための教科書として、平成十二（二〇〇〇）年、自ら制作した『新しい歴史教科書』を扶桑社から出して検定申請をした。

高山　そしたら外務省が不合格の画策をした。

宮崎　そう、その年の十月十九日に産経新聞にスクープ記事が載った。

高山　「元外交官審議委員／検定不合格を工作／外務省幹部も関与の疑い」、という見出しだったよね。実は検定審議会の委員に外務省枠というものがあって、外務省から推薦された元駐インド大使の野田英二郎という委員がいた。この元大使が「つくる会」教科書を不合格にしようと委員会内で画策を始めた。これがばれて産経新聞のスクープ記事になった。

宮崎　皮肉なことに、野田の画策がバレて、文部省としても「つくる会」の教科書を検定不合格にすることができなくなった。

高山　この時、外務省には不合格画策のために検討チームができていたというのは本当？

宮崎　そうらしい。課長級の人物が関わっていたという。国の予算を使って国民のために外交をする外務省が、同じく国の予算を使って教科書検定行政を行っている文部省に対して、非合法に特定の教科書不合格を画策する。

高山　売国奴というよりほかはない。日本に外交はなかったどころじゃない。

宮崎　さすがにいまだったら、昭和六十一（一九八六）年の『新編日本史』のような問題は起こせないね。中国や韓国の意向に沿って、教科書の記述を変えさせるなんてできない状況にようやくなった。

高山　それはそうでしょう。「つくる会」もよく頑張っているよね。外務省も変なことはできない。

宮崎　私は不思議に思うんだけど、こんな外務省の外交を、よく自民党は容認もしくは追認したものですね。これじゃ自民党というより自眠党だ。

あとでも言うことになると思いますが、中曽根首相は、靖国神社参拝に意欲を見せ、一九八五年の終戦記念日に参拝した。しかし、中国から反発を受けるとぐしゃりと崩れて、翌年から断念した。靖国参拝を中止した判断の根拠は，中国の胡耀邦総書記を擁護するためだったと釈明しましたが、中韓からの外交カードとして使われることになってしまったのです。

そして第二次歴史教科書事件も酷かった。中曽根氏は中韓の抗議を受けて藤尾正行文部大臣を罷免した。何と、彼は検定に合格していた『新編日本史』という教科書を、首相の権力を振るって検定をやり直させたのですが、それに不服だった藤尾文部大臣を、「月刊誌で日本の朝鮮統治を擁護した」として罷免しちゃいました。

これこそが、現在までに続く日韓歴史紛争の一環となったのでしたね。藤尾さんとは付き合いがあったので、彼が頑固者だとは知っていましたよ（笑）。

12 慰安婦問題で朝日新聞とタッグを組んだ外務省

宮崎　外務省の無能ぶりをよく表しているのは、慰安婦の問題ね。慰安婦の問題でも外務省の無能ぶりは想像を絶します。

高山　いつも不思議に思うんだけど、慰安婦の問題はどこの国の軍隊でもある問題だ。むしろ慰安婦がいない軍隊は、強姦して歩く、これは米軍でもどこでもやっている。そっちの方がむしろ大きな問題だ。

米国は「一九八二年アメラジアン法」をつくっている。米兵がアジア各国で強姦して生ませた混血児（Ameriasian）が余りに多い。父なし児を救済するため米市民権を付与するという趣旨だ。ベトナム、カンボジア、タイ、フィリピンにごまんといた。

実は日本にも数千人いるが、アメリカ国務省が日本に「米兵の強姦償い法です」というのが厭で、日本の混血児はこの法の適用を外されている。そのいきさつを日本の新聞は書いていない。

米兵以外にも有名なのは韓国兵のベトナムでの大量強姦だ。いわゆるライダイハン。一般女子を強姦する例は戦後の朝鮮人、ロシア人ときりがないくらいある。

それは一切不問で、日本の慰安婦だけが許せない犯罪のように言う。言っていておかしいなと思ったらしい。自分たちもやったように、つまり家に押し入って婦女子を引きずり出し、拉致して強姦して……という前段がないと不都合ではないか。

朝日新聞はそこを衝いて吉田清治の作り話、済州島の慰安婦強制連行という形にした。これなら米兵の発作的な強姦より悪い。日本軍は組織だって拉致し、強姦した悪い奴らだなあということになる。

いずれにせよ、日本の慰安婦だけ問題にしていこうという意図があるから、これは明確な日本を標的にした差別論争なんだ。

宮崎　七十年以上前の話を、今も問題にする理由がそこにある。

高山　それを問題にするんだったら、各国軍の強姦をまず処理しろよ。

宮崎　慰安婦問題は、また朝日新聞が犯人なんだけど、昭和五十七（一九八二）年に吉田清治という嘘つきが、朝日新聞に慰安婦狩りをしたと嘘の告白を書いた。

さらに朝日新聞は平成四（一九九二）年、慰安婦施設に軍の関与があったと報じた。これは衛生問題とか良い意味での関与だったのに、強姦より悪い強制連行があったかのような印象を与えながら、この軍の関与を報じていた。

そこから発展したのが、平成五（一九九三）年のいわゆる「河野談話」。この時の問題は、政府は慰安婦問題を徹底的に調べて、強制連行の事実はなかったという内容のものであったにもかかわらず、河野洋平官房長官は発言の中で、強制連行はあったと発言した。

高山　その河野がいまもってその発言を撤回しない。

宮崎　河野洋平って、不思議な人だよね。

高山　親に売られたりして、不本意に慰安婦になった人はいる。その人たちへ同情はするとして、それを軍が関与したかのようにいう強制連行とは違う。そこを曖昧にして、強制連行があったと言った時、韓国人がどう思うかとかでなく、日本軍あるいは日本人を貶めて何が嬉しいのか。度し難い偽善者である以上に日本人のツラ汚しだ。

宮崎　こじれにこじれた「河野談話」について、平成二十六（二〇一四）年「河野談話」作成時の官房副長官である石原信雄氏が国会で、日本側の資料では女性を強制的に従事させたという証拠は見つからなかったということを明らかにしたうえで、韓国の元慰安婦からヒアリングを行ったけれども「証言の事実関係を確認するための裏付け調査というものは行われていない」と証言した。

この証言の内容はすでによく知られていたことだけれども、それを談話の作成に関わった官房副長官が国会の場で証言したことの意味は大きい。朝日新聞の記事は嘘だということが国会の場で明らかになったことになる。

高山　この時、当時、日本維新の会の山田宏議員の活動が素晴らしかった。自民党は自民党内閣の官房長官を務め、後に党首まで務めた河野を国会に呼び出すのに難色を示す。

そうした自民党の態度の前にうまく駆け引きして、河野洋平ではなかったが、石原官房副長官の参考人招致に成功したんだ。それで山田氏は平成二十八（二〇一六）年の参議院選挙では、古巣の次世代の党や日本のこころを大切にする党からではなくて、自民党から出て、当選した。だとすれば河野洋平をぜひとも国会に呼び出してほしいね。

宮崎　ともあれ、石原官房副長官の証言による雰囲気の盛り上がりで、平成二十六（二〇一四）年、八月五日と六日にわたって、朝日新聞が吉田清治に関連した一六本の記事を取り消した。これって、戦後ジャーナリズムを揺るがした大事件ですよ。

高山　石原信雄官房副長官の証言で、次は朝日新聞が国会に召喚されると読んで、先手を打って、吉田清治の記事を取り消したんだと思うね。

宮崎 結局、朝日新聞は昭和五十七（一九八二）年、吉田清治の嘘の記事を載せて三十二年間取り消さなかったわけだ。

高山 三流新聞もいいところ。日本の受けた被害は甚大だ。国会は廃刊勧告くらい出せばよかった。

宮崎 この本は、朝日新聞をたたくのが主目的ではないのですから、朝日叩きはこの辺にして、問題は外務省。

高山 そうだよ。外務省は朝日新聞の嘘が世界を駆け巡って日本が貶められている時、何をした？　何もしなかったじゃない。

それどころか、平成八（一九九六）年、朝日新聞の嘘が元になって、慰安婦を性奴隷だと決めつけた、いわゆるクマラスワミ報告が国連人権委員会に出されて採択された時、反論文書を一度は用意しながら提出を取り下げた。何でそんなことするの？

吉田清治の記事が載ったのは昭和五十七（一九八二）年だけれど、平成四（一九九二）年には秦郁彦氏の研究で嘘だということがはっきりわかった。にもかかわらず朝日新聞が嘘だったとして取り下げるまでの三十二年間、外務省は慰安婦問題の誤った情報を糺すため何の行動も取らなかった。

これは杉原誠四郎氏が言っていましたが、日本を限りなく貶めた慰安婦問題の正犯は朝日新聞だけど、もう一つ共謀共同正犯がいて、それが外務省だ。外務省が正しい情報をわかった瞬間にその正しい情報を世界に発信していたら、慰安婦問題はいまのような問題にはなっていなかったよ。外務省の罪は重い。

宮崎　正しい歴史認識を広めなければならないという外務省の役割から見れば、南京事件でもひどかった。

あれは平成九（一九九七）年だっけ。日本を誹謗してアイリス・チャンという中国系アメリカ人が『ザ・レイプ・オブ・ナンキン——第二次世界大戦の忘れられたホロコースト』という本を出版した。中身は指摘するまでもなくデタラメ。

この時、日本国内でも「南京事件あった派」がまだ力を持っていて、南京事件の全面否定はできない雰囲気がまだ少し残っていた。だけどアメリカのチャンの言うようなことは到底ありえないということは常識になっていた。

そこで平成十（一九九八）年、斎藤邦彦駐米大使がアメリカのテレビでチャンと対決した。しかし斎藤大使は、日本が謝罪したことを主張するばかりで、チャンの書いていることの内容に対する反論は一言もしなかった。これでは南京事件がチャンの言うとおりに事件としてあったことになってしまう。

南京に新築された南京大虐殺記念館に行って驚かされたのは、中庭に金ピカのアイリス・チャンの立像が建っていたことです。

13 ユネスコの世界遺産になった南京事件

宮崎　南京事件をめぐる外務省の敗北はさらに深刻です。

平成二十六（二〇一四）年三月、中国は南京大虐殺の史料だとして、関係文書をユネスコの世界記憶遺産に登録申請していた。それが平成二十七（二〇一五）年十月九日にこの登録申請がユネスコに承認されてしまった。

世界記憶遺産というのは、歴史的な文書や記録を後世に残すべき遺産として登録する制度で、平成四（一九九二）年から始まった。

これに中国がありもしない「南京大虐殺」の関係文書を登録申請し、それが承認されたというんだからひどい。外務省は何をしていたの。

高山　でも、どうやって史料を登録したの？　ありもしない事件なのに。

宮崎　だから中国は登録しても、その史料をいまだ一部しか公開していない。

高山　えっ、登録しておいて公開していないの？　登録しておいて隠しているというわけだ。普通の国だったら登録しておいて公開しないなんて、できないよね。でも、もともと捏造史料だから公開などできない。

宮崎　それにしても日本の外務省の取り組みはどうなっているのかね。中国の登録申請は平成二十六（二〇一四）年の三月、その登録申請が明らかになったのが、三か月後の六月。しかし、何ら有効な手を打たなかった。

高山　わかった時、日本のマスコミにどうして流さなかったの。そのころ何も聞いていないよね。聞かされていなかった。

宮崎　パリのユネスコには佐藤地《さとうくに》という女性の大使がいたが、事の重大性の認識ができなかったようだ。そのために政府自民党への報告は遅かった。自民党執行部が知ったのは承認寸前だったらしい。

高山　思い出した。この時のユネスコの事務局長はブルガリア出身のイリナ・ボコバという女性。

宮崎　そう、ブルガリアの共産党員だった。言ってみれば札付きの左翼。

高山　ボコバは平成二十七（二〇一五）年九月に北京で開かれた、抗日戦争勝利七十年の記念式典に出席していた。天安門の上で習近平と一緒に写っていた。支那マネーを随分貰った。

宮崎　ボコバがユネスコの事務局長として、この非常識な登録申請を却下すれば、この登録申請は阻止できたはず。だけど認めてしまった。中国のご機嫌をとったのですよ。次の国連の事務総長になりたくて。

高山　それを日本は指をくわえて見ているだけ。阻止できないの？　だったら、国連への分担金を支払わないようにすればいい。

宮崎　ユネスコの分担金を止めるだけでいい。二〇一六年の分担金はユネスコの運営資金の一〇パーセントで二億三七〇〇万ドル。一位のアメリカが支払いを止めているから事実上一位。

高山　大金払ってありもしない嘘話で日本を貶めてもらっている。日本の外務省って本当に何もしない。金ぐらいストップしろ。

宮崎　だけどそんなことは日本としてはできないという論がすぐ出てくる。国連信仰がまだ日本人のメンタリティに大手を振っていますから。

高山　こんなありもしないことで日本が貶められているんだろ。だったら分担金を止めるのは当たり前だろ。

宮崎　「国連」なんて、「田舎の信用組合より信用がない」機関です。いつも侃々《かんかん》諤々《がくがく》の議論に振り回され、何も決まらないし、大事なことは常任五か国のうちロシアか中国が反対すれば、議案は通らない。

だから米国は最近「国連軍」では派遣できないアフガニスタン、イラク、シリアなどには「多国籍軍」あるいは「有志連合」という形で介入していますね。

「国連軍」というのは、朝鮮戦争を最後に、もはや紛争終結のためというより、紛争が終わってからの秩序維持部隊、つまり平和維持軍としての役割が主となって、ま、これなら自衛隊も行ける。

高山　さりながら、国連信仰に取り憑かれた日本は、国連中心主義という陥穽《かんせい》にはまり込んでいるにもかかわらず、自主的外交ができない劣勢を「国連、国連」と叫ぶことによってすり替えてきた。外務省の展開した国連外交重視は、最初から概念的誤謬なのです。日本は国連分担金をあれほど支払いながら、ちっとも成果はあがらない。常任理事国になろうとしたら、中国が反日運動を仕掛けてつぶすことも起きましたね。ドイツとインドをセットにして日本を入れて貰おうとしたわけです。

そもそも国連とは戦勝国連合です。敗戦国の日本はまだ「敵国条項」が残る国連憲章の削除を求めることから開始するべきなのに、そのプロセスを飛ばして、主要なプレイヤーになろうというのは無謀な試みであったと思います。

もっと言えば日本語の「国連」などという訳語も止めたほうがいいでしょう。あれは「連合国」と翻訳するべきで、中国語はちゃんとそうなってます。

さて国連に復帰した中国は、国連の下部構造を活用して、さかんに悪だくみを仕掛けています。韓国もこれに便乗して、南京大虐殺記念館が世界記憶遺産として登録され、日本は顔に泥を塗られました。軍艦島の時もそうでした。

普通の国であるなら、これに対抗する措置を日本は取るべきであり、この方面でも外務省は実に頼りない。

宮崎　中国人学生の間には、いま「天安門事件」をユネスコの世界記憶遺産にという運動があるのです。日本はこれを側面支援する。外務省が表立ってできないなら代理人を駆使する。外交工作に機密資金があるなら、そういう金を、こういう工作に使わなければいけないでしょう。

ともかく在日中国人、とくに留学生の間に、天安門事件をユネスコの記憶遺産に登録しようとする運動が急速に拡がっています。

高山　日本はね、なすべきことをなさないでお金を出すことで、外交的な成果をあげようとするところがある。平成二（一九九〇）年、例の湾岸戦争の時、日本は自衛隊を派遣せず、一三五億ドル払った。そのため大変な顰蹙《ひんしゅく》を買ったんだ。

あれは海部俊樹《かいふとしき》首相の時だった。

宮崎　実は私はニクソン大統領の『リアル・ピース』という著作の翻訳者でもあります。生前、一九八四年だったたが、この日本版の解説を兼ねるということでニューヨークのニクソンのオフィスへ押しかけ、独占インタビューをしたことがあります。

このころ、ふがいない日本外交にさすがのニクソンも呆れて「日本は巨大なインポテンツ」と比喩した。下品だけど何となくそのころの日本にふさわしい（笑）。

そして彼はこう続けたんですよ。「日本は（軍事力がないのだから）経済力を大いに外交の梃子《てこ》とするほうがいい」と。

高山　外務省のＯＤＡ担当者は、金を出すことが日本の外交だと公然と言っていた。元イラン大使の男だ。

宮崎　外交的成果といっても結局、援助の額で決めているようなところがあります。アフガニスタン戦争の時に、アメリカに言われて日本は、ほとんど縁のないパキスタンにいきなり四五〇〇億円援助するんですね。時の外務大臣は田中真紀子で「あんな汚いところ、私行かない」ってごねて、行かなかった。

一番の典型はミャンマーでしょう。アメリカが突然態度を変えて、ミャンマーを承認する。ヒラリー・クリントンが飛んで行ったら日本も行って、それまでに貸していたお金、五〇〇〇億円をチャラにする。そして新たに九一〇億円を付け足す。みんな自主的な判断でやっているわけじゃない。けれども大盤振る舞いをやっちゃう。

久々に自主判断でやったなというのはバングラデシュです。六〇〇〇億円。何をしたかというと国連安全保障理事会の理事国の席を日本に譲ると。だからいま外務省のはき違えは、金銭だけで外交できると思っていることですよ。

高山　お金で外交ができるのは間違いない。

日本は、国連にもユネスコにも金を出しているんでしょう。だからここでお金を出さないというのも外交だよ。要するに出すんじゃなくて、出さない外交をすればよい。だいたい、日本じゃなくても世界の外交はアメリカを基軸にして動いているところがあって、どうやったら動くかというとワシントンのロビー活動。要するに弁護士事務所がずっといままでやってきたわけです。日本は、それを唯一やっていない国。やれとは思わんけど、日本人はああいうところに行って金を使って弁護士事務所を雇って、どうやって宣伝するとか、どういう映画を作るとか、そんなことは日本人は逆立ちしても思いつかない。

中国人や韓国人が一生懸命あそこで映画をつくったり銅像をつくったりしているけど、日本人は「外交ってそんなことまでするんですか」というスタンス。

宮崎　そうです。あれも外交の一環なのです。ついでですが、ここで個人的なことを申し上げておきたい。いまの日本外交がなってないのは、外務省の官僚的な体質の弊害があります。お役所仕事、縄張り意識と、省内だけの政治を見て出世だけはしようというおこがましい限りの処世術が目立つ。

昭和四十七（一九七二）年でしたが、タイのバンコクで日の丸にバツ印をつけて、日貨排斥の学生運動が起こった。あとで判ったのは、大丸の進出を快しとしなかった地付きの華僑が学生を背後で煽っていたのですが、「イエロー・ヤンキー」とか日本批判が盛んで、それを朝日新聞が懸命に煽っていた時です。

国旗を侮辱されたことに憤慨して、私は学生団体を代表してバンコクの学生センターに抗議文を持って行ったことがあるのですが、外務省に事前に様子を聞くと「そういうことはおやめになった方が良いです」などと余計なアドバイスばかりでした（笑）。

ベトナム戦争のころ、サイゴンに取材でいたのですが、街頭で十歳ほどの少年に良いレートで両替を持ちかけられ一〇〇ドルほど騙されたことがありますが、翌日、サイゴンの日本大使館へ行くと「闇両替が違法なのですから」と大使館員は横を向いたまま取り合わない。

この態度の延長線上に、海外同胞の救出作戦に本気で取り組まない姿勢がある。某国駐在の大使は「邦人脱出のルートを日頃から確保したか」と問われ、即座に「できています」と答えた。詳細を問いただすと、何と自分の逃亡ルートだけは確保したということだった。

ですから一事が万事、ことほど左様に動いており、加瀬英明氏を中心に私もかりだされての日米安保条約二十周年の日米セミナーを開催した時にも、外務省は一切協力しないばかりか、このセミナーに対し否定的でアメリカにひどい情報を流していた。

また個人的なことを言えば、アメリカの友人に頼まれて昭和六十（一九八五）年の国際青年ジャマイカ大会とヨハネスブルグ大会に私は日本代表となったのですが、外務省はまったく知らん顔でした。

レーガン政権の肝煎りではあってもジャマイカ大会は「国連主催」ではないという理由で、実際には米共和党筋の支援で行われた反共の世界青年大会でもあったのですが、日本政府はソ連と北京で行われた国際青年大会の方には前向きで、反共陣営には背を向けていたのです。おかしいでしょう。

こうしたことが重なり、海外へ行っても私は大使館を訪ねたこともなければ、話を聞きに行ったことさえないです。つまり在外公館には情報がない（爆笑）。

14

中曽根首相はパンダハガー第一号

宮崎　中曽根政権の時代に戻りますが、中国に言いがかりを付けられて中曽根が靖国参拝を止めたのは大きな外交的損失だった。自ら外交カードを中国に与えたようなものです。

高山　中曽根が一番先に中国にころんだという感じがする。最初に、靖国に行かないと言ったのも、中国の政情をおもんぱかったからだ。

宮崎　胡耀邦が失脚しそうだから靖国参拝を中止した。外交を個人関係に矮小化してしまった。

江西省の九江からバスで三時間ぐらい南へ行ったところに共青城市があります。この近くに胡耀邦の墓がありますが、ものすごい規模です。広い庭園に七三段の階段があって、追悼碑にはセメントを七三トン注ぎ込んである。

高山　南京の中山陵みたいなものじゃないですか。

宮崎　中山陵よりも小規模ですが、完全な御陵になっている。言いたいことは、そこから下りてきたところの土産屋のそばに、中曽根の揮毫した石碑があるんですね。
高山　それは酷い。本当にやめてほしい。
宮崎　問題ですよ。いまでも政治的にムードが変わって民主化の波が出てくると、みんな花を持って押し掛ける。そうやって胡耀邦を政治利用する。いまはまただれも行かない。あの中国人の墓参りのご都合主義はすごいですよ。
高山　そのご都合主義の中国に対しても、日本人はいったん言ったことは、きちんとそれを守るからね。あの中曽根の発言は、それこそ亡国の一言だった。
宮崎　日本において靖国は日本の精神に基づいて祭祀をしている。他所《よそ》から文句を言われる筋合いはない。それはアメリカ大統領が戦死者の墓に行っても、日本人は文句を言ってはいけないのと同じです。
　最近では、平成十三（二〇〇一）年にブッシュが小泉と一緒に靖国に行こうと言った気配がある。
高山　その時、行けば靖国問題は解決しているはず。外務省が抑えたんでしょう。
宮崎　それで靖国ではなく、明治神宮にした。それでブッシュは明治神宮に行ったのに、小泉は車の中で待っていた。

高山　最大のチャンスを逃しましたね。

宮崎　靖国問題の解決は外務大臣がまず参拝をする。そして総理を引っ張っていく。外務省がやれば他所の国は文句をなかなか言いにくいでしょう。軍隊が解体されたとなったら、一番トップの責任は外務省なんですよ。あの戦争は外務省にも責任があるといって、そして私は死んだ人は戦犯だろうと誰であろうと区別しないんだと言って参拝すれば、中国だって文句は言えないでしょう。外務省はそういうところをまったく放置してきたのです。

逆にいうと軍隊を解体されてしまったことが大きい。日本で一番のパワーがあり、優秀なのが軍人だった。その優秀な奴がいなくなったら、二流で優秀なのが、天下を取っちゃったわけ。

我が世の春がきたのが外務省で、防衛省がやっと平成十九（二〇〇七）年に防衛庁から昇格しましたけど、まだみんなの認識では二流官庁なんだ。要するに外務省は自分の戦争責任を自覚する能力もない。

日本の外交がしっかりしておれば、あの戦争は起こらなかった。少なくとも、日米開戦に当たって指定時間通りに最後通告をきちんと渡しておけば、あんなにたくさんの人が死ぬような戦争にはならなかった。それほど大きな戦争責任のある外務省の長（外務大臣）が靖国を参拝しないのは許されることではない。

中曽根についてはもう一つ、核拡散防止条約という大事な問題があります。核防条約は三木が外務大臣の時に調印に行った。この時、中曽根は反対するかと思ったら、反対しないで推進派に回った。核拡散防止条約というのは、核を持っている国は持っていいが、持たない国は持つなという、ものすごい不条理なものです。

核兵器だけではなく、エネルギーの供給すら制限される。日本にとっては国家百年の計に照らしても非常に不利な条約だからと言って反対しているんだけれども、あの時代の政治家の頭の中は戦後的、キッシンジャー的アジア秩序に凝り固まっていて、この秩序維持なんですよね。だから、核防条約には積極的にみんな賛成した。

高山　ジョセフ・ナイだとか親日のふりをした連中が来て、周りからわあわあ言って日本に言うことを聞かせようとした。やっぱり中国を絡めてきた政治家が一番いけないと思う。日本をやっつけるのに中国の力を借り始めて、それ以後、日本の政治家がどんどん取り込まれてしまった。

エズラ・ヴォーゲルなんかは、ジャパン・アズ・ナンバーワンとか、日本によさそうなことを言っておいて、すぐに中国に乗り換えた。僕はあまり詳しく知らないけれど、あれだって李鵬かだれかにおべっかで行ったんじゃなかったですか。

宮崎　エズラ・ヴォーゲルは鄧小平の評伝を書いたんです。あのころはクリントン時代だから、パンダハガーがうようよしていて、エズラ・ヴォーゲルは、その中心にいた。

重慶の薄熙来が失脚した時に、ハーバードに留学していた薄熙来の息子が、なんとガードマン付き、マンションの中にプール付きの豪邸にいて、フェラーリに乗っていた。父親が検挙されて、彼は逃亡した。どこにいたかというと、エズラ・ヴォーゲルの自宅だったんです。ヴォーゲルは、いまでもパンダハガーですよ。だから、トランプ政権になって、完全に孤立しています。

ところが、日本のマスコミはいまだにエズラ・ヴォーゲルにインタビューして、中国を敵視しないほうがいい、とユニクロの柳井正みたいなことを書いている。

高山　ワシントンポストに「チャイナ　イズ　ノット　エネミー」とかいうタイトルの広告を連名で出しました。その中に、さっき言ったアレクシス・ダデンも入っている。その名前を全部調べてリストアップしていたほうがいい。「まだこんなにいる、パンダハガー」と。

宮崎　あの当時の日本の時代状況と論壇状況で言うと、中曽根に近いという権力志向が強くて、中曽根とどれだけ親しいかという取り合い合戦があった。西部邁さんの周りにいたのが香山健一とか、東大教授の佐藤誠三郎や東大から国際大学へ行った公文俊平たち。中曽根の取り合いでお互いに悪口を言い合っていました。西部さんは雑誌を持っていたから、それで公然と中曽根との距離感を縮めていた。あと、読売新聞がキッシンジャーを立てて中曽根賛歌をやったのも大きかった。それで、中曽根評価は異様に高くなったと思います。しかし、物書きが権力と近いというのは褒められたことじゃない。そんななかで、平林たい子が、「中曽根なんて、カンナ屑のようにペラペラ燃える男」と言ったのは立派です。あれは名言でしたね。

中曽根外交も結局何をやったかというと、田中角栄が敷いた日中友好路線をそのまま促進させてしまった。さらに憲法改正と言っていながら、なんのことはない「私の内閣では憲法は改正しない」と就任当初に宣言している。これは本当に支援者に対する裏切りじゃないですか。

高山　そうですよね。少なくとも自民党は依ってきたる基盤というのは改憲ですからね。改憲か廃憲かは知れないけれど。

宮崎　自主憲法制定と綱領に書いてあるじゃないですか。

高山　あのころから政治が軽くなったね。それこそ、カンナ屑ぐらいに。

宮崎　役人を使うのが政治家なのに、いまの日本の政治家は役人に使われている。経済はすっかり財務省主導になって、増税反対の大合唱にもかかわらず消費税も増税してしまった。外交がふらついてしまったのは首相のせいもあるけれど、やっぱり外務省の責任が大きいでしょうね。

高山　とくに対中外交がよれよれの腰砕けになっている。中曽根が先鞭をつけて、外務省のチャイナスクールが政治をリードする外交で、すっかり中国に取り込まれてしまった。

宮崎　だから安倍首相は、外務省外しで外務省を使わなくなった。ところが、経産省が外交を主導するのにも無理がある。外交交渉の事前準備などには外務省を使わなければどうしようもないんだから。

高山　抵抗するにしても安倍首相が限度なのかなという感じです。いままでは外交は全部、外務省に任せてしまっていた。実にくだらない対中ODAを延々と出し続けたのも外務省の媚中政策です。

宮崎　対中ODAをやめたのはようやく安倍首相の時代になってからです。

15 中国と韓国に日本は毅然と対応すべき

宮崎　まず中国に対して、習近平訪日は仕方ないにしても、国賓待遇をやめると言えばいいんです。

とりあえず安倍首相が靖国に参拝すれば、国賓待遇もなくなってしまうから一石二鳥です。本当は「一緒に靖国へ行きましょう」ぐらいに言えば一番いい。

中国や朝鮮半島との外交問題がこじれると、最後には引っ越しができない関係だと言うけれど、引っ越しができないから最後は妥協しなければいけないというのはおかしな話です。

近年はもうちょっと手が込んできて、日本企業が一万五〇〇〇社くらい中国に進出しているのは、外貨準備が三兆ドルもあるたいへんな国だと信じ込んでいるからです。経済成長率は落ちたとはいえ、ずっと六％くらいあって、日本の三倍のＧＤＰがあるという、うそ放送を全部信じているんです。だから、今後も中国は大事な国だから、日本は仲よくしなければいけないとなる。日本の財界が経団連の中西宏明会長をはじめ、中国へ進出したい、投資もしたいと前のめりなんです。

高山　でも、さすがに投資は落ちていますね。諸外国はみんな逃げているはずですよ。韓国のサムスンも逃げているみたいですね。

宮崎　とはいえトヨタもホンダも逃げていない。ということは、自動車が行くだけでも、下請けが三〇〇社ぐらいあって、それが全部行っているので逃げられないんです。

二番目にコンピュータのクラウド関係のベンチャー企業が、中国と合弁している。若い人は別に中国を敵視する教育を受けていないから、「中国人とうまくやれる」という感覚でしょう？　ユニクロなんか、もう中国べったり。財界の主流派もみんな中国を向いている。そうだとしたら、安倍首相もこの経団連の意向を完全に袖にできません。

高山　習近平も安倍首相にすりよってきてますね。

宮崎　安倍首相と最初に合った時は仏頂面でしたが、最近は無理して笑っている。習近平のあのつくり笑いは気持ち悪いだけですが、そこまで中国が追い込まれているということじゃないですか。日本に対していままでのように居丈高に出られなくなっている。なんとしても、日本企業には中国にいてほしい。資金を貸し続けてほしい。

高山　アメリカで派手な買収をやっていた中国企業が中国に引き揚げていますね。マンハッタンを象徴するホテルのウォルドルフ＝アストリアを持っていた安邦保険集団も撤退してしまった。不動産を全部手放して中国に引き揚げている。ということは、バブルがはじけた時の日本の企業と同じです。アメリカにうまく吸い上げられて、追い返されたんでしょう。

宮崎　ハリウッドで映画館チェーンを買って、中国のプロパガンダ映画をハリウッドでもつくろうとしていた大連万達集団も、やっぱりポシャった。それから、習近平の右腕として腐敗撲滅運動を主導してきた王岐山の海航集団も世界中の利権を全部売り払って引き揚げました。

安邦保険集団は鄧小平の一族の関連企業で、契約者が三〇〇〇万人ぐらいいる業界二位の会社だから潰せない。それで、国有企業にしてしまった。海航集団も、王岐山のメンツがあるからこれも国有企業にした。あとは倒産してもかまわない。だから、いまどんどん潰れていきます。

高山　だから、中国はつぶれていくんですよ。いままでは技術や頭脳を全部盗んできたけれど、もう盗む対象は日本だけになってしまったんじゃないですか。

宮崎　日本は応用技術はあるけれど創造技術はない。応用技術はノウハウだから盗めないんです。中国人には匠の技は盗めないから、三倍の給料を払うからと言って日本人を中国に連れていく。技術さえ習得しちまえば、「はい、さようなら」ですけどね。

高山　新幹線みたいに盗んだ技術を自分たちの発明だといって特許を主張するからたちが悪い。今度も習近平がぜひとも国賓でというのは、やっぱり日本から金でもなんでも引き出そうという魂胆なんですかね。

宮崎　アジア開銀経由の迂回融資が使われそうです。財務審議官だった浅川雅嗣《まさつぐ》氏は対中投資に積極的でしたが、今度、彼がアジア開銀の総裁になりました。

中国はアジア開銀を使わざるをえない。というのは、AIIB（アジアインフラ投資銀行）がもう空中分解している。AIIBは何も機能していないんだから。

高山　AIIB総裁の金立群の名前も最近は全然聞かないね。やっぱり中国人にインターナショナルな金融は似合わない。

宮崎　中国は企業の起債を香港で六割ぐらいやっていて、株式上場も上海を飛ばしてニューヨークでやって、多額の資金を集めています。

そこでトランプは、中国企業のニューヨーク上場をやめさせようとしています。すでに上場しているところも締め上げげて追い出そうとしている。これをやられると中国経済はドカーンと崩壊しかねないから、一番困るんですね。

本当を言うと、日本も独自外交で中国や韓国をここで突っぱねて、苦しむだけ苦しませるというぐらいができるといい。無法国家に取り囲まれたいまこそ断固たる国家意志を示すべきです。それこそが外交ですけれどね。

高山　いま韓国に対する政策はうまくいっていると思う。日本政府は原則は曲げずに、もう相手にしませんという態度を貫いている。この韓国への対応は、テストケースになるでしょう。やってみて、うまくいくようだったら、今度は台湾に積極的に近づいて、中国に何も言わせないようにする。中国も韓国も蹴っ飛ばす。そうやって独自外交をやっていかないといけない。

いま新型コロナウイルスが出て習近平中国は結構な経済落ち込みに嵌《はま》っている。トランプの中国叩きもあって「タイミングが悪かった」風な見方もある。しかし、支那というところは大昔から清潔さのない不浄の世界で、たとえば十四世紀、欧州を破滅に追い込んだ黒死病も実は生まれは支那だったことがつきとめられている。二十世紀から二十一世紀にかけてのアジア風邪、香港風邪、SARSといったパンデミックもみな支那生まれだ。

そう考えると、今回の騒動も決して偶然でなく、支那の持つ固有のリスクと言える。知財ドロも含めて、あの国は大国でも巨大市場でもない。「破綻の空間」と考えるべきで、日本も浮かれて投資や企業進出したのが大間違いだとわかってきたのじゃないか。あんな国とまともに付き合おうとしたこの一〇〇年を反省するいい機会にすべきだ。韓国はその小型版だから、もう付き合いをやめていい。

そういう考え方をする時だと思う。

あとがき

白人世界に衝撃を与えた日本

麻生太郎が地元福岡の会合で「二千年にわたって同じ民族が、同じ言葉で、同じ王朝を保ち続けたのは日本以外にない」と語った。

別に何の違和感もない。当たり前の話だ。元英タイムズ紙特派員のヘンリー・ストークスがそれを「世界の奇跡だ」と著書に書いている。ホントはすごいことだが、日本人はあまり深く考え、感動することはない。

確かによその国の二千年を見ればわかる。例えばロシア。十三世紀のある日、地平線にモンゴルの騎馬兵が現れたかと思ったらリャザンもモスクワも攻められ、男は殺され、女は犯され、それでロシア人はアジア人的「レーニン顔になった」(古田博司筑波大教授)。

モンゴルは西のウクライナを滅ぼし、ポーランドを落としウィーンの外れまで行った。

ただウクライナの北辺は深い沼沢地帯があってそれより先の国は蹂躙《じゅうりん》を免れた。それで人々は犯されなかった純白のロシア人という意味のベラルーシを国名にした。

イランもモンゴルに犯された。街でアジア人顔をときどき見かける。だから隣で赤ちゃんが生まれたと聞くと彼らはまず「何色か」と聞く。ペルシャ人の肌色だと聞いて初めてお祝いを言い、で、男の子か女の子か聞く。

日本にはそんな災厄は史書にも伝承にもない。何度か異民族が来たがみなやっつけた。四方を海という城砦で守られ、地震や噴火や津波などの天災は山とあっても少なくともこの二千年間は穏やかだった。人々は災害があれば助け合い、思いやって生きてきた。

語る言葉はだから滑らかで、時に主語も動詞も省かれる。長い間、言語学者が言うように同じ仲間と暮らしてきた証左で、多くを語らなくても意は伝わるからだ。

だから日本人は支那人やアメリカ人のように大声で話す人がいない。ただそんな大声人種も日本語を話させると、まるで別人のように口調も表情も穏やかになる。

支那人は「請う」と言おうとすると舌がもつれる。アメリカ人も顔を引きつらして「Please」と言うが、日本語でなら躊躇《ためら》いなく穏やかに「お願い」と言える。日本語はそういう不思議な力も持つが、それは措いて。

麻生太郎がそんな当たり前を言った途端「アイヌがいるのにどこが一つの民族か」とか「渡来人が文化を持ち込んだのは常識」とか「特別な民族という思い上がりが先の戦争を起こした」とか非難の言葉が麻生を責め立てた。

でもアイヌ人は鎌倉時代に北の方から渡ってきたのは学術的にも明らかだ。在日朝鮮人の先輩でしかない。

それに三内丸山遺跡に始まった多くの縄文文化遺跡発掘で、人類のどの文明より古い独自の文化の存在もわかってきた。さらにはあらゆる民族についてのY染色体の解明から日本人は縄文の昔から現代まで紛うことなく続いた単一民族と証明され、もっと嬉しいことにその遺伝子配列から支那人や朝鮮人と何の共通性もないことも証明された。

そんな時代になったのに「一つの民族」と聞いた途端、膝蓋腱反射みたいに非難が巻き起こるのはどういうことか。そういう人たちの言い分を探ると多分に政治的な悪臭がする。確かに明治時代の末には東大人類学研辺りから「日本はアメリカと同じ移民国家」みたいな話は出ていた。

それが戦後になって甦り、ブタクサのように咲き誇り出す。江上波夫が騎馬民族渡来説を語り、司馬遼太郎は日本の故郷は朝鮮だと言い、小熊英二は「日本が単一民族なんて神話だ」と断じた。「神話」とは根拠のない嘘っぱちほどの意味だ。

彼らの主張は日本には南洋人や大陸人がわんさか来てロシアにおけるモンゴルのように縄文人を犯し、稲作とか新しい文化をもたらし、その後も連綿と朝鮮半島から人や文物が流れ込んだ等々だ。

いまの学校教科書もY染色体はそっちのけで縄文のあとに渡来人による弥生文化が始まりましたみたいにやっている。なぜそうなったかを手繰るとＧＨＱが出てくる。ＧＨＱは日本の歴史教育をかなり弄《いじ》った。多くの本を焚書にした。中に三島敦雄の『天孫人種六千年史の研究』がある。日本文明はメソポタミアの「スメル文化」から来たと説く。日本人は数千年の歴史と系譜を持つと。

ＧＨＱはそれが気に食わなくて焚書したうえに学校では「スメル」が皇尊（すめらみこと）に通じるからと「シュメール」と発音させるよう命じている。

そして「劣った縄文が渡来人の弥生文化に変わった」と教えさせた。要は「日本人は特別な単一民族ではない」ことを徹底させた。

この作業は実はいまも続く。単一民族を神話だと言った小熊は毎日出版文化賞とかわんさか賞を貰ったが、それに符合するように米国ではジョン・ダワーの『敗北を抱きしめて』が絶賛された。ピューリッツァー賞から学校図書賞まで贈られたが中身は酷《ひど》い。ダワーはことさらに昭和天皇を「責任逃れをした普通の人間」と貶《おとし》め、日本人は支那人と変わらない卑屈で猥雑なつまらない民だと繰り返す。

なんでそこまでして日本を並以下の国にしたがるのか。実は宮崎正弘氏との対談の主眼はその辺にある。

十九世紀後半に国際社会にデビューした日本はそれからの半世紀で世界を支配しつつあった白人世界に衝撃を与えた。北斎の絵も驚かせたし、彼らが五百年恐れた黒死病の謎を一週間で解いた北里柴三郎もそうだが、最大の衝撃は日本人が「強く、それでいてイエスより慈悲深い」ことだった。

彼らにとって黄色い日本人はどこまでも未知の民だった。彼らの行動は予測もできなかった。だから恐れて抹殺を企んだ。それが先の戦争だった。しかしそれで終わらなかった。一度滅んだ国は再起しない。それが世界の通念だが、日本は再起し、いまもなお世界に多くを教え続ける。だから怖い。ダワーを使い、支那朝鮮を使って日本を貶め続ける理由がそこにある。

日本人は独自の感性を持ち、どの民より努力家で勤勉で研究好きだが、それでいて謙虚で人がよく、相手を善人と思い込む。

彼らはそこを突き、日本人にそれを気づかせないよう周到に企んできた。

それに日本人が気付き、周囲の猥雑な世界からの騒音を気にしなくなった時、日本は再起できる。下品な隣人と交際を断っていい。欧米に媚びる必要もない。それができる底力を日本は持っているし、先人はそれをやってきた。この対談がそれを理解する一助になればば幸せだ。

令和二年二月

高山正之

本書は、『日本に外交はなかった』（自由社、二〇一六年）
に大幅に加筆・修正し、改題した作品です。

【著者略歴】

高山正之（たかやま まさゆき）
1942年、東京生まれ。1965年、東京都立大学法経学部法学科卒業後、産経新聞社入社。社会部次長、テヘラン支局長、ロサンゼルス支局長を経て、産経新聞夕刊にて時事コラム「高山正之の異見自在」を執筆。2001年～2007年３月まで帝京大学教授。『週刊新潮』の「変見自在」など名コラムニストとして知られる。著書に、『変見自在　習近平よ、「反日」は朝日を見倣え』『韓国への絶縁状』（新潮社）、『アメリカと中国は偉そうに嘘をつく』『中国と韓国は息を吐くように嘘をつく』『韓国とメディアは恥ずかしげもなく嘘をつく』（徳間書店）など多数。

宮崎正弘（みやざき まさひろ）
1946年、石川県金沢生まれ。評論家。早稲田大学中退。「日本学生新聞」編集長、雑誌『浪漫』企画室長、貿易会社経営などを経て、1982年『もうひとつの資源戦争』（講談社）で論壇デビュー。中国ウォッチャーとして知られ、全省にわたり独自の取材活動を続けている。著書に『「火薬庫」が連鎖爆発する断末魔の中国』（ビジネス社）、『日本が危ない！　一帯一路の罠』（ハート出版）、『明智光秀五百年の孤独』『チャイナチ（CHINAZI）崩れゆく独裁国家 中国』（徳間書店）など多数。

世界を震撼させた歴史の国日本

第１刷　2020年２月29日

著　者　高山正之、宮崎正弘
発行者　平野健一
発行所　株式会社徳間書店
〒141-8202　東京都品川区上大崎３-１-１
目黒セントラルスクエア
電　話　編集（03）5403-4344／販売（049）293-5521
振　替　00140-0-44392
本文印刷　三晃印刷（株）
カバー印刷　真生印刷（株）
製本所　ナショナル製本協同組合

本書の無断複写は著作権法上での例外を除き禁じられています。
購入者以外の第三者による本書のいかなる電子複製も一切認められておりません。

乱丁・落丁はお取り替えいたします。
© 2020 TAKAYAMA Masayuki, MIYAZAKI Masahiro
Printed in Japan
ISBN978-4-19-865030-8